ALBERT BIESINGER
ULRIKE MAYER-KLAUS
HEIKE HELMCHEN-MENKE

Das Kirchenjahr mit Kindern

ALBERT BIESINGER
ULRIKE MAYER-KLAUS
HEIKE HELMCHEN-MENKE

Das Kirchenjahr mit Kindern

Ein Begleiter für Eltern und Erzieher

HERDER
FREIBURG · BASEL · WIEN

Inhalt

Vorwort

Kinder lieben Geheimnisse und sind oft kleine Theologinnen und Theologen, die den Dingen auf den Grund gehen wollen. Dann wollen sie erfahren, was hinter den Ereignissen ist. Das Kirchenjahr bietet zahlreiche Frageanlässe. Der Weihnachtsrummel zum Beispiel führt viele Kinder weg vom eigentlichen Sinn des Festes, und sie spüren es. Sie fragen nach den Geschehnissen von damals, nach dem Stern, der die Weisen aus dem Morgenland führt, und nach dem Kind, das die ganze Welt bewegt. Da gibt es viel mit ihnen zu entdecken: das Geheimnis der Heiligen Nacht, die beeindruckenden Rituale der Advents- und Weihnachtszeit von der heiligen Barbara über den Bischof Nikolaus hin zum Kind in der Krippe und weiter bis Silvester und Heilige Drei Könige. Es kommen weitere besondere Tage in den Blick, etwa wenn rund um den Valentinstag Blumenläden mit dem Namen des Heiligen werben.

Ebenso fragen Kinder: Was feiern wir eigentlich an Ostern? Spätestens wenn Schokoladenhasen und gefärbte Eier die Regale der Supermärkte füllen, dann wissen auch Kinder, dass das Fest naht. Die sichtbaren und reichhaltigen Bräuche und Rituale von Aschermittwoch über Ostern bis Pfingsten lassen sie nach Grund und Bedeutung fragen. Und wenn es darum geht, zu fragen, woher eigentlich alles kommt, was wir zum Leben brauchen, kommen Feste wie Erntedank in den Blick.

Dieser Ratgeber bietet Eltern und Großeltern, Erzieherinnen und Lehrern eine inhaltlich fundierte Einführung und praktische Ideen rund um das Kirchenjahr, um Kindern die Geheimnisse der Geburt Jesu, von Jesu Tod und Auferstehung und der Feste, die daraufhin entstanden sind, angemessen zu vermitteln.

Geprägte Zeiten und Festtage strukturieren das Jahr und drücken ein Grundvertrauen ins Leben aus. Dieser Begleiter durch das Kirchenjahr ist die Einladung, das bewusst wahrzunehmen und in der Familie zu gestalten. Die mit religiösen Feiern gemeinsam verbrachte Zeit kann zu einem großartigen Geschenk für Große und Kleine werden. Wir ermutigen Sie herzlich, sich darauf einzulassen, und wünschen Ihnen und den Ihnen anvertrauten Kindern viel Freude dabei.

Albert Biesinger · Ulrike Mayer-Klaus · Heike Helmchen-Menke

Vom Einteilen des Jahres: das Kirchenjahr

HEIKE HELMCHEN-MENKE

Hat die Kirche eine eigene Zeit? Ist das Kirchenjahr anders als ein normales Jahr? Wann fängt es an und wie verläuft es?

Feste prägen und strukturieren unser Jahr. Die Festzeiten unterbrechen für Kinder und Erwachsene den Alltag. Im Kirchenjahr wird unsere Zeit – und damit unsere Lebenszeit und unser Leben selbst – religiös gedeutet. In den Gottesdiensten der verschiedenen Feste feiern wir unseren Glauben. Und auf einige Feste wie z. B. Weihnachten oder Ostern freuen sich Kinder ganz besonders. Das Kalenderjahr beginnt am 1. Januar. Das Kirchenjahr folgt einer anderen Zählung. Es beginnt mit dem 1. Adventssonntag, also mit der Vorbereitung auf Weihnachten. In der weihnachtlichen Zeit feiern wir, dass Gott uns nah ist – so nah, dass er Mensch geworden ist, einer von uns. So kann er zu uns sprechen in einer Sprache, die wir verstehen können. Deshalb können wir Hoffnung haben und befreit leben. Das steht am Anfang des Kirchenjahres und am Anfang von allem, was wir im Lauf des Jahres tun.

Das wissen wir dazu

Das Kirchenjahr »ist die Summe aller liturgischen Feiern, die im Jahreszyklus einen festen Platz gefunden haben«[1]. Das Kirchenjahr prägt den Jahreslauf in unserer Gesellschaft entscheidend mit – auch bei Menschen, die der christlichen Religion gar nicht angehören. Denn viele Festtage, etwa die Weihnachtsfeiertage oder der Ostermontag, sind arbeitsfrei. Ferienzeiten der pädagogischen Einrichtungen (Kindergarten, Schule usw.) orientieren sich am Kirchenjahr (z. B. gibt es Weihnachtsferien, Osterferien oder in einigen Bundesländern auch Pfingstferien). Dazu kommt, dass das sichtbare christliche Brauchtum wie Weihnachtsbäume oder Ostereier zu bestimmten Zeiten das Erscheinungsbild vieler Wohnungen, Schaufenster und Straßen prägt. Weihnachtsbäume stehen manchmal sogar in Familien, die einer anderen Religion angehören oder sich selbst als religionslos sehen.

Das Kirchenjahr enthält eine wahre Schatzkiste, gefüllt mit (Heiligen-)Festen, Symbolen und Bräuchen für das familiäre Umfeld. Die Feste und geprägten Zeiten des Kirchenjahres können auf unterschiedliche Weise in jährlich wiederkehrendem Rhythmus entdeckt und gefeiert werden.

Das Kirchenjahr beginnt mit dem ersten Advent und endet am Christkönigssonntag, in der Regel dem letzten Sonntag im November. Die Feste des Kirchenjahres zeigen vor allem das Handeln Gottes in Jesus Christus. Alle weiteren Feste (Marienfeste, Heiligenfeste) sind darauf bezogen und daraufhin zu verstehen. Am Beispiel Jesu verdeutlicht das Kirchenjahr in verschiedenen Zusammenhängen die Zusagen des christlichen Glaubens: Gott liebt jeden Menschen, das Leben hat Sinn und der Tod ist nicht das Ende von allem.

Die Feste und Bräuche des Kirchenjahres sind mit reicher Symbolik verbunden und knüpfen an konkrete Grunderfahrungen aller Menschen an – z. B. Erntedank: Vielfalt der Schöpfung und Dankbarkeit für unser Leben in ihr; Advent: Dunkelheit und Licht; Ostern: Neuanfang und Leben.

Das Kirchenjahr hat zwei Schwerpunkte, in denen die Zusagen des christlichen Glaubens besonders durchbuchstabiert werden: zum einen den Weihnachtsfestkreis um die Geburt Jesu – hier wird gefeiert, dass Gott Mensch wird; zum anderen den Osterfestkreis um Sterben, Tod und Auferstehung Jesu Christi. Dazu gehören die jeweiligen Vorbereitungszeiten, also der Advent (vier Wochen) und die 40-tägige österliche Bußzeit, die Fastenzeit. Ostern ist das höchste Fest im Kirchenjahr, die Feier der Auferstehung Jesu vom Tod und der Durchbruch der Hoffnung für alle. An Pfingsten feiern die Christen, dass Gott seinen Beistand, seine tröstende und ermutigende Kraft, den Heiligen Geist schickt. Nach der Auferstehung ist die Gegenwart Jesu nicht mehr auf einen Ort und eine Zeit begrenzt. Er ist bei jedem Menschen an allen Orten und zu allen Zeiten. Aus der Geistsendung ist die Kirche entstanden, deren Auftrag es ist, die Botschaft von Gottes Liebe durch die Zeiten zu bezeugen.

Die liturgischen Farben

Den einzelnen Festen und ihren Zeiten sind auch *spezielle liturgische Farben* zugeordnet:

Violett: Advent, Fastenzeit (Zeiten der Buße, Besinnung und Umkehr).

Grün: Im Jahreskreis (steht für Hoffnung, Wachstum, Leben, Schöpfung).

Weiß: An Hochfesten und im nachfolgenden Festkreis: Weihnachten, Ostern, Fronleichnam, Christkönig, Marienfeste u. a. (symbolisiert Lichtglanz, Frieden, Freude).

Rot: Pfingsten, Palmsonntag, Karfreitag, Feste der Märtyrer (Farbe des Blutes, des Feuers, Sinnbild des Heiligen Geistes).

Das Kirchenjahr mit seinen Festen, Zeiten und Bräuchen gibt auch dem allgemeinen Jahreskreis in unserer Kultur einen festen, immer wiederkehrenden Rhythmus, der prägt. Im Laufe des Kirchenjahres wird der Alltag und werden die Grunderfahrungen von Menschen religiös gedeutet.

Die Struktur des Kirchenjahres[2]

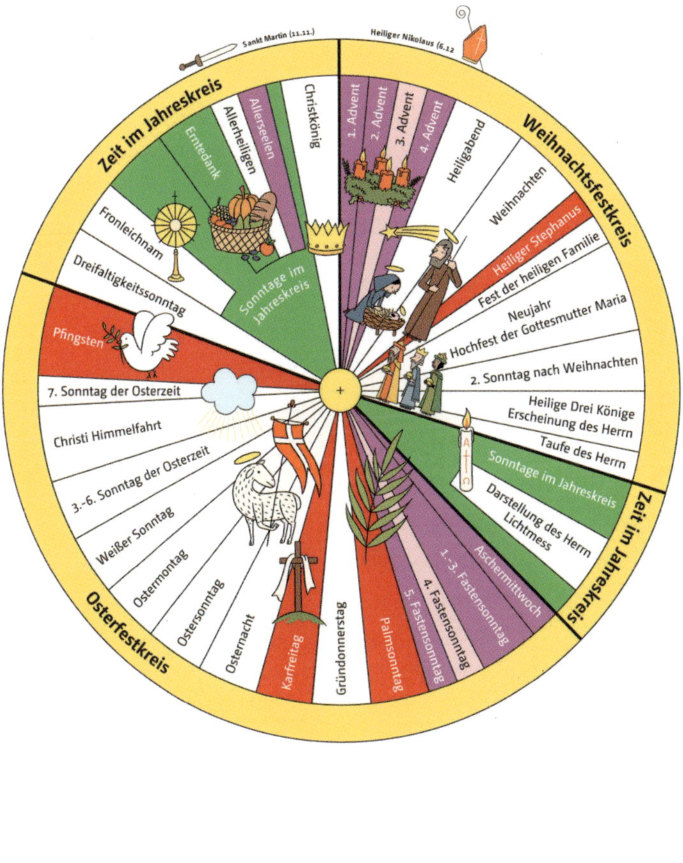

Das hat mit uns zu tun

Unsere Kultur ist christlich geprägt. Dass einige Kirchenjahresfeste auch gesetzliche Feiertage sind, gibt uns die Möglichkeit, an diesen Tagen besonders darauf zu schauen, was die Feste mit uns zu tun haben. Sie deuten menschliche Grunderfahrungen. Das sind Erfahrungen, die alle Menschen machen: Wir werden geboren, wir leben miteinander, uns wird Lebensnotwendiges zur Verfügung gestellt, wir können hinter die Dinge schauen, wir lieben, wir haben Sehnsucht – auch Sehnsucht nach einer Macht, die alles Leben hält (im Christentum nennen wir diese Macht »Gott«), und wir sterben.

Die einzelnen Feste sind Tage, an denen wir besondere Ereignisse und Zusagen feiern. Sie gelten für uns heute genauso wie für die Menschen vor 2000 Jahren, und sie gelten auch für unsere Kinder. Es geht nicht um Folklore oder Brauchtumspflege um ihrer selbst willen. Vielmehr zeigen die wichtigen Feste im Kirchenjahr etwas für unser Leben: Auch für uns ist Jesus gekommen, und wir können im Advent jedes Jahr neu auf ihn zugehen und uns auf seine Ankunft vorbereiten. Dass mit dem Tod nicht alles zu Ende ist und uns Menschen die Zusage der Auferstehung gilt, ist eine der wichtigsten Aussagen des Christentums. Das können wir uns und unseren Kindern in allen Abschiedssituationen zusagen, und an Ostern, Allerheiligen und Allerseelen feiern wir es dann ganz ausdrücklich. Die Erde ist uns Menschen anvertraut. Dass wir nicht nur *auf* der Erde leben, sondern auch *von* der Erde, das können wir mit Dankbarkeit anschauen und einmal im Jahr am Erntedankfest feiern.

Das sollen Kinder verstehen

Das Kirchenjahr strukturiert wie das Kalenderjahr unser Jahr. Das Kirchenjahr deutet die Etappen des Jahres darüber hinaus religiös und bietet für die Kinder (ebenso wie für die Erwachsenen) Hoffnungen, Zusagen und Vorbilder im Glauben (Jesus und die Heiligen), die uns helfen, mit den Grunderfahrungen in unserem Leben umzugehen.

Das können wir miteinander tun

Familienkirchenjahr auf dem Tisch

Wir können die Abbildung des Kirchenjahres (z. B. im Festkreis, den das Bonifatiuswerk veröffentlicht hat) mit den Kindern anschauen, ihnen die Festkreise zeigen und erklären, wie sie aufeinander aufbauen und zueinander gehören.

Auf dem Familientisch kann mit einem Seil ein Kreis gelegt werden. Die Kinder legen Fotos (aus dem Familienalbum von den jeweiligen Festen) oder Symbole aus dem Familienfundus (z. B. Krippenfiguren der Familie, selbstverzierte Ostereier, eine Grabkerze, ein kleines Erntekörbchen usw.) zu den einzelnen Festkreisen. So entsteht das Bild eines Kirchenjahreskreises, der die Feste schon optisch eng mit dem Familienleben in Zusammenhang bringt.

Jahreszeitentisch

Aus der Waldorfpädagogik ist der sogenannte Jahreszeitentisch bekannt. Zu den Festen im Jahr wird jeweils ein Tisch gestaltet (im Wohnzimmer, im Flur, oder auch eine Fensterbank in einem Zimmer). Dabei legen die Familienmitglieder Bilder, Karten, Symbole oder Ähnliches auf den Tisch, die für sie im Zusammenhang mit dem jeweiligen Fest stehen: Das kann z. B. der Osterstrauß mit Palmenbusch auf dem Osterzeittisch sein oder ein Strauß mit gebastelten Tauben zu Pfingsten.

Im Sommer gestalten die Familienmitglieder einen Tisch mit besonderen Erinnerungen an die Urlaubszeit.

Zu Geburtstagen ist es der Geburtstagstisch des Geburtstagskindes, zum Valentinstag kommen Blumen und Herzen auf den Tisch und zu Erntedank ein Erntekorb.

Der Tisch wird immer erst wieder abgeräumt oder umgestaltet, wenn die Zeit des jeweiligen Festes vorbei ist. In vielen Familien sind diese Jahreszeitentische feste Begleiter durch das Jahr.

Namenstag feiern

Einmal im Jahr verdichtet sich das Kirchenjahr für Kinder und Erwachsene auch ganz persönlich, nämlich an ihrem Namenstag. Hier wird einem Menschen individuell und ausdrücklich gesagt, was in den verschiedenen Festen des Kirchenjahres allen Menschen gilt: Gott liebt dich. Du stehst unter seinem Schutz und Segen. Selbst wenn du nicht immer bei Gott bist, ist er doch immer bei dir.

Das ist auch die Grundidee hinter dem Namenstag. Er drückt aus: Du bist gemeint, ganz persönlich, und es gibt jemanden, der dir ganz besonders verbunden ist, dein Namenspatron. Dein Name ist im Himmel schon bekannt. Du bist nie allein.

Von welcher Heiligenfigur sich der Name der Kinder und Eltern herleitet, muss manchmal erst entdeckt werden. Dabei helfen Namenstagsbücher und -kalender und Heiligenbücher und -kalender. Auch im Internet gibt es hilfreiche Seiten, z. B. *www.heilige.de*, bei denen der jeweilige Name einfach eingegeben wird und dann die entsprechenden Informationen geliefert werden.

Bei Menschen, deren Name im Heiligenkalender nicht zu finden ist, kann natürlich auch der Zweitname zum Bezug für den Namenspatron werden. Viele moderne Namen lassen sich auf klassische zurückführen, und oft findet man schließlich eine(n) Heilige(n). Für manch einen, der seinen Namen bisher keinem Heiligen zugeordnet hatte, eröffnen sich mit der Legende oder Lebensgeschichte des Namenspatrons bzw. der Namenspatronin neue Impulse für das eigene Leben. Besonders für Kinder, die in ihrer Entwicklung intensiv auf der Suche nach Vorbildern sind, kann die Lebensgeschichte des Namenspatrons eine wichtige Orientierung im Leben werden.

Viele Familien entwickeln Rituale, wie der Namenstag gefeiert werden kann. Etwa kann am Morgen die Taufkerze des Feiernden entzündet werden. Alle singen ein Segenslied oder singen auf die Melodie von »Zum Geburtstag viel Glück« mit ausgetauschtem Wort »Zum Namenstag viel Glück«.

Zur Taufkerze kann eine Darstellung des Heiligen aus der Kunst gestellt werden, und es wird die Lebensgeschichte oder die Legende des Heiligen erzählt. In manchen Familien werden auch kleine Namenstagsgeschenke gemacht.

Schlussimpuls für Eltern

Betrachtung der Zeit

Mein sind die Jahre nicht,
die mir die Zeit genommen;
mein sind die Jahre nicht,
die etwa möchten kommen.
Der Augenblick ist mein,
und nehm ich den in Acht,
so ist der mein,
der Jahr und Ewigkeit gemacht.
(Andreas Gryphius)

Von den Festen in der Advents- und Weihnachtszeit

Vom langen Warten im Advent

ULRIKE MAYER-KLAUS

Was heißt eigentlich Advent und wofür ist er da? Dürfen die Kerzen am Adventskranz nur nacheinander angezündet werden – warum nicht alle auf einmal – das dauert immer so lang? Kommt der Jesus nochmals auf die Welt – so richtig zum Anfassen? Warum gibt es einen Adventskalender? Ich verstehe nicht, warum manche Lieder im Advent so traurig sind!?

Das wissen wir dazu

Weihnachten, dem Fest der Geburt Jesu, ist eine besondere Vorbereitungszeit vorangestellt: der Advent. Advent kommt vom lateinischen Wort »adventus« und heißt übersetzt »Ankunft«. Wir bereiten uns in der Adventszeit auf die Ankunft Jesu vor. Die Kirche spricht in dreifacher Weise von Ankunft: In der Erinnerung an die Ankunft Jesu vor über 2000 Jahren, in der Offenheit und Bereitschaft, ihn im Hier und Heute in unseren Herzen zu empfangen und ankommen zu lassen, und im Blick auf das Ende der Zeit, an dem Gott wiederkommt, um uns und die Welt von aller Not und allem Leid zu befreien und zu erlösen.

Die Adventstexte aus der Bibel verweisen in besonderer Weise auf das Ziel der endgültigen Erlösung am Ende der Zeit. Jesus kommt also nicht zum »Anfassen«.

Manche wundern sich über die Texte in der Adventsliturgie, die vom Ende und vom Weltgericht sprechen, verbinden sie mit der Adventszeit doch vielmehr eine Sehnsucht nach Atmosphäre innerer Einkehr und Harmonie. Wie passt das zusammen?

Um dies in rechter Weise verstehen zu können, gehen wir zeitlich einen großen Schritt zurück in die Zeit vor Jesu Geburt.

Aus dem Alten Testament erfahren wir, wie das Volk Israel viele Hundert Jahre lang auf einen Retter gewartet hat. In schwierigen Zeiten traten Menschen auf, Propheten, welche ihnen diese Hoffnung von Gott übermittelten. Zu allen Zeiten kannten die Menschen Ungerechtes, Zerstörung und Ausbeutung. In ihrem Leiden schrien sie auf, klagten, weinten und baten Gott um Hilfe. Sie spürten die Überforderung, eine gute Weltordnung aus eigenen Kräften herstellen zu können. So riefen sie zu Gott und baten ihn, einzugreifen, ihnen einen Retter zu schicken, der die Welt heilt und Frieden bringt. Diesen Retter nannten sie Messias.

Mit der Geburt Jesu endete die lange Wartezeit. Der Messias, der Retter der Welt, kam an. Es erfüllte sich das, was der Prophet Jesaja (700 v. Chr.) vorausgesagt hatte:

> *Das Volk, das im Finstern wandelt, schaut ein großes Licht; über denen, die im Land der Dunkelheit wohnen, erstrahlt ein Licht.*
> *Denn ein Kind ist uns geboren, ein Sohn ist uns geschenkt; die Herrschaft ruht auf seinen Schultern. Man ruft seinen Namen aus: Wunderbarer Ratgeber, Starker Gott, Ewiger Vater, Friedensfürst.*
> *(Jes 9,1.5)*

Trotz der Geburt Jesu charakterisieren viele den Advent weiterhin als Zeit des Wartens. Wir wissen, Jesus kam in die Welt. Er brachte Licht in das dunkle Leben der Menschen. Und trotzdem erleben wir Menschen Jahrhunderte später immer noch Dunkles, manchmal Unerträgliches, das wir mit noch so großem Einsatz und Engagement zum Guten nicht so in den Griff bekommen, wie wir uns das wünschen. Im Spüren von Ohnmacht, einem Gefühl von »nichts machen können«, erwacht in uns – ebenso wie bei den Menschen damals – die Sehnsucht nach Heil und Rettung. Die dunklen Tage der Vorweihnachtszeit, in denen wir uns schon äußerlich mehr in unsere Häuser und somit vielleicht in unser Inneres zurückziehen, machen uns manchmal sensibler für das, was wir eigentlich ersehnen. Wie die Menschen damals warten wir auf Erlösung und Heil. Der Unterschied zu damals besteht darin: Wir kennen den Anfang des Reiches Gottes, das mit dem Kommen Jesu Gestalt annahm. Dieser Anfang, die Faszination darüber, dass Gott selbst Mensch wird, um uns einen Weg aus dem Dunkel zum Licht, aus der Perspektivlosigkeit zum Ziel, aus dem Tod zum Leben zu zeigen, ist so großartig, dass wir ihn jedes Jahr neu ins Bewusstsein holen, ihn feiern, ihn lebendig halten bis zum endgültigen Ziel, von dem wir glauben und hoffen, dass irgendwann eintritt, was verheißen ist:

> *Dann sah ich einen neuen Himmel und eine neue Erde; denn der erste Himmel und die erste Erde sind vergangen, auch das Meer ist nicht mehr. Und die heilige Stadt, das neue Jerusalem, sah ich von Gott her aus dem Himmel herabsteigen, bereit wie eine Braut, die sich für ihren Mann geschmückt hat. Und ich hörte eine gewaltige Stimme vom Thron her rufen: Seht, das Zelt Gottes unter den*

Menschen! Er wird in ihrer Mitte wohnen und sie werden seine Völker sein und er selbst, Gott mit ihnen, wird ihr Gott sein. Er wird jede Träne von ihren Augen abwischen und es wird keinen Tod mehr geben; auch keine Trauer, keine Klage, keine Mühsal wird es mehr geben; denn das Frühere ist vergangen. Und er, der auf dem Thron saß, sprach: Seht, ich mache alles neu.
(Offb 21,1–5a)

Man könnte jetzt einwenden: »Ja, was nützt mir die Heilung am Ende der Zeiten, wenn ich jetzt leide? Gibt es denn keine Perspektive für den Augenblick? Wie gestalte ich meinen Advent, meine Wartezeit?« Eine Antwort könnte lauten: Im Rückblick und im Ausblick. Im Zurückschauen, im Erinnern des Geschehens von damals, kann mir aufgehen: Gott wird Mensch und lässt sich auf alles ein, was zu menschlichem Leben gehört: die Armut, die Begrenztheit von Lebensmöglichkeiten, die Auseinandersetzung mit Macht und Ohnmacht, das Erleben von Leiden und Sterben.

Das neue Leben, das mit Jesus in die Welt kam, soll in jedem Advent ermutigen: In allem Dunkeln, in allem Warten sind wir nicht alleingelassen. Wir dürfen hoffen und glauben, dass Gott mit jedem und jeder von uns einen neuen Anfang wagt, eine Perspektive zu neuen Lebensmöglichkeiten eröffnet, oft nicht spektakulär und laut, sondern leise und unscheinbar. Es liegt an der Entscheidung jedes Einzelnen, ob er/sie dieser Perspektive traut und sie ins eigene Suchen und Fragen mit hineinnimmt und danach zu leben versucht.

Das hat mit uns zu tun

Jedes Jahr im Advent spüren wir neu die Bedürftigkeit und das Angewiesensein auf Gottes Entgegenkommen und seine Nähe in unserem Leben. Uns Erwachsenen fällt es nicht immer leicht, uns Schwächen und Grenzen einzugestehen, zuzugeben, dass wir der Hilfe bedürfen. Kinder haben von ihrer Situation her einen unmittelbareren Zugang zur adventlichen Haltung des Erbittens von Trost und Hilfe. Wie oft stolpern sie und fallen, warten, bis wir sie in die Arme nehmen und trösten. »Mama, wann kommst du endlich!«, rufen sie, wenn sie bei einer Beschäftigung oder den Hausaufgaben nicht weiterkommen. Das Bitten und das Vertrauen, gehört zu werden, getröstet, beschützt und bewahrt zu sein, sind Haltungen des Advents, des hoffnungsvollen Wartens. Dieses lebendig und wach zu halten, es auf das Kommen Gottes hin zu gestalten und sichtbar zu machen ist eine Grundlage für die religiöse Erziehung im Advent.

Konkrete Möglichkeiten der Gestaltung finden sich in den Symbolen von Adventskranz und Adventskalender. Der Adventskranz mit den vier Kerzenlichtern, dem »immergrünen« Gebinde und der nie endenden Kreisform wird in der Wartezeit des Advents zum Lichtpunkt, zum Hoffnungszeichen, zum Hinweis auf die Ewigkeit Gottes. Indem jeden Sonntag eine Kerze mehr angezündet wird, machen wir deutlich, dass die Ankunft Jesu immer näher rückt; es wird heller, das Licht kommt zu uns Menschen.

Der Adventskalender hilft den Kindern, die Wartezeit auf Weihnachten hin »erträglich« zu machen und eine konkrete Überschaubarkeit dieser Zeit zu geben.

Das sollen Kinder verstehen

Die Zeit des Advents bereitet uns auf das Kommen Gottes in unsere Welt vor.

Menschen – ob groß oder klein – sind angewiesen auf seine Nähe und Hilfe. Zu allen Zeiten bitten sie in ihrer Not um Rettung von außen. Im Geschehen der Geburt Jesu zeigt uns Gott, dass er die Nöte und Leiden der Menschen sieht und einen guten Weg vom Dunkel zum Licht ermöglicht – nicht nur damals, sondern auch heute und morgen. Dabei hoffen wir, dass Gott letzten Endes alles zum Frieden und Heil führt.

Das können wir miteinander tun

Zur Vorbereitung legen Sie aus grünen Tannenzweigen in Ihrem Wohnraum eine Spirale auf den Boden (alternativ: eine lange Kordel – mit Zweigen, Nüssen, Äpfeln belegt bzw. verziert). Stellen Sie eine große Kerze in die Mitte der Spirale und halten Sie für alle Mitfeiernden eine kleine Kerze oder ein Teelicht im Glas bereit. Dann versammeln sich alle um die Mitte, die Kerze in der Mitte ist noch nicht entzündet.

Ein/e Erwachsene/r spricht:
Wir feiern Advent.
Advent heißt Ankunft.
Menschen warten auf das Kommen Gottes.
So war es damals, so ist es heute.
Schon Hunderte von Jahren,
bevor Jesus geboren wurde,
riefen Menschen in ihrer Not, in ihrem Schmerz,
in ihrem Leiden zu Gott um Hilfe.
Gott schickte Vorboten.
Man nennt sie Propheten.

Das sind Menschen, die Gott gesandt hatte,
um allen zu sagen, dass er ihr Leiden sieht und hört und dass er einen Retter senden wird.
So wartete das alte Volk Israel lange Zeit
auf einen Retter, den Messias.
Der Prophet Jesaja versprach ihnen:

> *Das Volk, das im Finstern wandelt, schaut ein großes Licht; über denen, die im Land der Dunkelheit wohnen, erstrahlt ein Licht.*
> *Denn ein Kind ist uns geboren, ein Sohn ist uns geschenkt; die Herrschaft ruht auf seinen Schultern. Man ruft seinen Namen aus: Wunderbarer Ratgeber, Starker Gott, Ewiger Vater, Friedensfürst.*
> *(Jes 9,1.5)*

Gott machte sein Versprechen wahr.
Jesus wurde geboren – vor über 2000 Jahren.

Die Kerze in der Mitte wird jetzt entzündet.

Ein Anfang war gesetzt.
Gott zeigte damit: Ich mag die Menschen.
Ich will ihnen helfen.
Ich lasse sie nicht allein in ihrer Not.
Ich höre ihr Schreien und Weinen.
Ich will sie trösten.
Ich bringe Licht in ihre Dunkelheit.
Jesus hat dies den Menschen gesagt und gezeigt.

Lied: Licht der Liebe

2. Ein Licht weist den Weg,
der zur Hoffnung führt,
erfüllt den Tag,
dass es jeder spürt.
Licht der Liebe, Lebenslicht,
Gottes Geist verlässt uns nicht.

3. Ein Licht macht uns froh,
wir sind nicht allein.
An jedem Ort
wird es bei uns sein.
Licht der Liebe, Lebenslicht,
Gottes Geist verlässt uns nicht.

(Text: Eckart Bücken / Melodie: Detlev Jöcker

aus: *Das Liederbuch zum Umhängen 1*)

Wir feiern Advent. Wir erinnern uns,
dass Gott den Menschen damals nahegekommen ist.
Auch heute wünschen wir uns Gottes Nähe.
Wie damals kennen auch wir Dunkles und Trauriges.

Alle halten die Hände wie eine Schale vor sich hin und bedenken gedanklich das, was das Leben dunkel und traurig macht. Kinder und Erwachsene können an dieser Stelle sagen, was das für sie jeweils konkret ist: z. B.
… wenn wir miteinander streiten,
… dass die Oma krank ist,
… wenn mich andere auslachen …

Seit Jesus geboren ist, wissen wir,
dass es einen Weg von Gott
zu uns Menschen gibt.
Gott ist uns nahegekommen.
Deshalb dürfen wir mit allem,
was in uns ist, zu ihm kommen und
uns von seinem Licht wärmen und
beschenken lassen.

Alle bekommen in ihre offenen Hände eine Kerze im Glas.

Ihr seid alle eingeladen, diesen Weg
zum Licht zu gehen, die eigene Kerze
dort zu entzünden und wieder aus der
Mitte zum Platz zu kommen.
Das Licht von damals will auch unseren
Weg hell machen und erleuchten.
Gott sieht und hört auch unsere Nöte.
Daran denken wir, wenn wir den Weg
Zurück – aus der Mitte heraus – gehen.

Am besten beginnt jemand von den Erwachsenen und schreitet langsam in die Mitte und wieder zurück, danach der Nächste usw. Um eine meditative Atmosphäre zu schaffen, kann dieser Teil mit ruhiger Musik untermalt werden.

Gott kommt zu uns und macht
unser Leben hell.
Dennoch wird das Dunkle nicht
ganz beseitigt sein.
Aber am Ende der Zeiten wird Gott
alles Leiden, alle Not, alles Dunkle überwinden.
Darauf warten wir und hoffen weiter.

Lied: Kündet allen in der Not (GL 106)

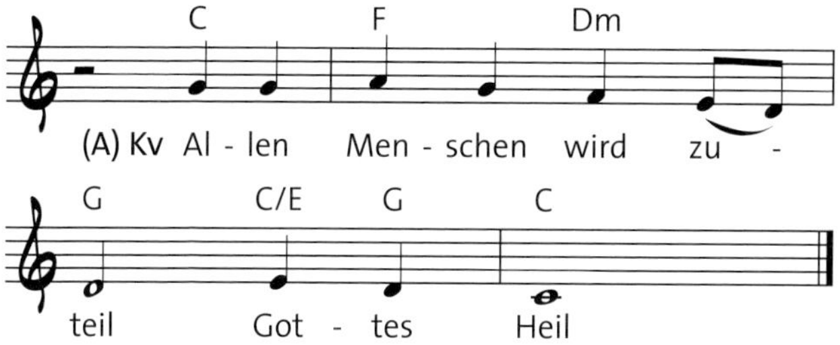

2. Gott naht sich mit neuer Huld,
dass wir uns zu ihm bekehren;
er will lösen unsre Schuld,
ewig soll der Friede währen.
Kv Allen Menschen wird zuteil Gottes Heil.

3. Aus Gestein und Wüstensand
werden frische Wasser fließen;
Quellen tränken dürres Land,
überreich die Saaten sprießen.
Kv Allen Menschen wird zuteil Gottes Heil.

4. Blinde schaun zum Licht empor,
Stumme werden Hymnen singen,
Tauben öffnet sich das Ohr,
wie ein Hirsch die Lahmen springen.
Kv Allen Menschen wird zuteil Gottes Heil.

5. Gott wird wenden Not und Leid.
Er wird die Getreuen trösten,
und zum Mahl der Seligkeit
ziehen die vom Herrn Erlösten.
Kv Allen Menschen wird zuteil Gottes Heil.

Schlussimpuls für Eltern

Mögest du dir Zeit nehmen,
die stillen Wunder zu feiern,
die in der lauten Welt
keine Bewunderer haben.

Ich wünsche dir die Muße zum Innehalten,
auf dass du Kraft sammeln mögest
für jeden neuen Tag.

Ich wünsche dir Augen,
die die kleinen Dinge des Alltags wahrnehmen
und ins rechte Licht rücken.
(Irischer Segenswunsch)

Vom Kerzenlicht in dunkler Zeit

ALBERT BIESINGER

Warum wird es dunkel – warum wird es hell? Warum zünden wir am Adventskranz gerade vier Kerzen an? Wenn wir sterben – wohin gehen wir: in die Finsternis oder in das Licht? Brauchen wir Menschen Licht zum Leben?

Das wissen wir dazu

Im Winter sind die Tage kurz und die Nächte beginnen früh. Advent und Weihnachten liegen bei uns auf der nördlichen Erdhalbkugel in der dunklen Jahreszeit. Die vier Lichter am Adventskranz – jede Kerze steht für einen Adventssonntag – machen nicht nur unsere Wohnungen heller. Das zunehmende Licht symbolisiert in der Bibel das Kommen des Messias: »Das Volk, das im Finstern wandelt, schaut ein großes Licht; über denen, die im Land der Dunkelheit wohnen, erstrahlt ein Licht« (Jes 9,1). Der Messias wird kommen und die Finsternis wird aufhören und er wird Gottes Licht bringen.

In der Weihnachtsgeschichte, die uns der Evangelist Lukas aufgeschrieben hat, können wir von dieser Erfahrung hören: Es kamen vom Himmel Engel, das Licht Gottes umleuchtete die Hirten. Alles war hell, weil Jesus Christus, der Herr, geboren ist, der das Licht aus der göttlichen Welt hinein in die Dunkelheit des Lebens von uns Menschen bringt.

An Weihnachten feiern wir die Durchlässigkeit der göttlichen und der menschlichen Welt. Noch können wir mit unseren jetzigen Augen die neue Welt Gottes nicht sehen, wir können sie aber erahnen und glauben. Manche Wissenschaftler gehen davon aus, dass es noch andere Welten gibt als jene, die wir jetzt mit unserem Gehirn ausmalen, mit unseren Augen sehen, mit unseren Ohren hören, mit unserem Mund schmecken können. Diese Welten sind uns aber verschlossen. Selbst wenn sie nur fünf Zentimeter neben uns wären, könnten wir sie nicht sehen. Vielleicht ist es sogar gut, dass wir nicht zu viel und schon alles sehen können. Aber es ist auch gefährlich, wenn wir so tun, als ob es nur das gäbe, was wir mit unseren Augen jetzt sehen können. Wir brauchen ein »drittes Auge« – wie dies Hubertus Halbfas formuliert hat.

So wie sich die Erde im Tageslauf von der Sonne wegdreht und je nach Tageszeit mal näher, mal weiter entfernt ist, so ähnlich kann es uns auch gehen, wenn wir uns vom Licht Gottes wegdrehen, dann sind wir in der Dunkelheit. Und wenn wir uns dem Licht Gottes zuwenden, können wir uns beleuchten und wärmen lassen.

Bei der Geburt Jesu in Betlehem wird uns zugesagt, dass sich der Himmel für uns geöffnet hat, dass wir schon in die himmlische Welt eingeladen sind und zu ihr gehören. Unser Leben besteht zwar auch aus viel Leid, Dunkelheit und Sorgen, aber unser Leben ist ein Weg, der ins Licht führt.

Das hat mit uns zu tun

Wir Menschen können uns nicht selbst retten. In dem weltberühmten Lied »Stille Nacht, heilige Nacht« singen wir in einer der Strophen: »Christ, der Retter, ist da!« Der Retter der Welt ist Jesus Christus, der aus der göttlichen Welt gekommen ist, um uns zu verkünden, dass wir zu Gott gehören und dass auch der Tod uns nicht von Gott trennen kann. Gott ist größer als der Tod; der Tod hat nicht das letzte Wort. Das letzte Wort ist das Wort Gottes: Ich bin das Licht der Welt. Ich bin euer Retter aus der Dunkelheit des Lebens.

An Weihnachten feiern wir, dass das Licht Gottes hereingebrochen ist in die Dunkelheiten unserer Welt. Dieses Fest ist aber dann nicht nur »schön«, sondern dieses Fest ist auch eine Herausforderung, denn es fordert, dieses Licht unter den Menschen zu verbreiten.

Das sollen Kinder verstehen

Viele Menschen sind traurig, arm oder krank; sie haben Angst vor der Zukunft – dem Tod, der sie in der Dunkelheit verschwinden lässt.

Das göttliche Licht, das über Betlehem erscheint, sagt uns: Es gibt einen Ausweg aus der Dunkelheit und Finsternis. Gott selbst ist unser Licht und wir können uns darauf verlassen, dass wir nicht im Dunkeln bleiben.

Das können wir miteinander tun

Die vier Kerzen am Adventskranz begleiten uns in den vier Wochen der Vorbereitung auf Weihnachten. Gemeinsam können wir in der Familie immer wieder ein Licht anzünden, still in das Licht schauen und meditieren – zum Beispiel am Abend vor dem Schlafengehen. Bei einer Lichtmeditation können eine Adventsgeschichte vorgelesen und die Kerzen am Adventskranz angezündet werden. Am Ende noch einmal (still) einige Minuten in das Licht der Kerzen zu schauen und Gott all das anzuvertrauen, was an dem Tag gewesen ist, hilft uns Geborgenheit zu finden.

Dunkelheit, Streit, manchmal auch Wut gehören in jeder Familie dazu. Aber auch Licht ist in der konkreten Familie spürbar.

»Werde selber mehr zu einem Licht, als dass du um dich herum Dunkelheit und Ärger verbreitest« – diese Aufforderung gilt in jeder Familie.

Eine Hell-dunkel-Meditation können Sie in Ihrer Familie leicht gemeinsam erleben.

Wenn die Dunkelheit hereingebrochen ist, machen Sie alle Lichter aus und zünden nur eine Kerze an.

Wir werden still
und schauen in die Flamme der Kerze.
Wir legen unsere Hände ineinander –
wie zu einer Schale.
Wir spüren unseren Atem, wie er kommt und geht.
Mit jedem Einatmen lassen wir einen Lichtstrahl
in unser Inneres, in unser Herz eindringen.

– Kurze Stille –

Wir wissen:
Gott möchte unser Leben hell machen.
Er kommt uns entgegen.
Beten wir nun für alle, denen wir einen Lichtstrahl
Gottes wünschen.

Dazu kann jeweils ein Teelicht an der Kerze entzündet und in die Runde gestellt werden.

Guter Gott, wir bitten dich für
… die Oma, dass sie gesund bleibt,
… das kranke Kind in der Nachbarschaft …

Je präziser und persönlicher das Gebet ist, desto besser. Abschließend können Sie ein Adventslied singen:

Lied: Tragt in die Welt nun ein Licht

(Text / Melodie: Wolfgang Longardt © Verlag Ernst Kaufmann, Lahr)

Vom blühenden Barbarazweig

ULRIKE MAYER-KLAUS

Kann ein toter Ast im Winter wirklich blühen? Hat der Papa von Barbara nicht gemerkt, wie gut es ist, mit Jesus befreundet zu sein? Wurde Barbara nach ihrem Tod wieder lebendig – so wie der Ast? Warum hat Barbara ihrem Papa nicht einfach gesagt, sie würde nicht an Jesus glauben? Der Vater hätte ja nicht gemerkt, was sie denkt und fühlt.

Das wissen wir dazu

Barbara, eine frühchristliche Märtyrerin, lebte vermutlich gegen Ende des 3. Jahrhunderts in Nikomedien in der heutigen Türkei. Sie zählt zu den volkstümlichsten Heiligen, obwohl man historisch nicht viel von ihr weiß. Sie war die Tochter eines reichen Kaufmanns, der sie wohl sehr gern hatte und liebevoll umsorgte. Ihre Mutter fand schon früh den Tod. Dioskurus, so hieß der Vater, war Heide. Er hasste die Christen, die in dieser Zeit unter den Römern grausam verfolgt wurden.

Der Kaiser in Rom wollte als Gott verehrt werden. Die Christen konnten dieser Vorschrift nicht Folge leisten, da für sie nicht der Kaiser, sondern Gott der Maßstab aller Dinge und Entscheidungen war.

Die Legende erzählt: Wenn Dioskurus längere Zeit verreisen musste, sperrte er Barbara in einen Turm, damit sie keinen Schaden erlitt oder Menschen traf, die seiner Meinung nach kein guter Umgang für sie waren. Nur eine Dienerin und ein Lehrer durften zu ihr kommen. Von ihnen erfuhr Barbara von Jesus, seinem heilbringenden Wirken für die Menschen und dem christlichen Glauben.

Dieser Jesus überzeugte sie so, dass sie sich zum Christentum bekehrte und taufen ließ. Als der Vater wieder einmal von einer Geschäftsreise zurückkehrte, erfuhr er von der Entscheidung Barbaras. Es wird erzählt, dass er sie mit allen Mitteln umzustimmen versuchte, den christlichen Glauben wieder abzulegen. Doch alle Bemühungen des Vaters schlugen fehl. Letztendlich lieferte er die eigene Tochter dem römischen Statthalter aus. Barbara wurde gefangen genommen und in ein dunkles Turmverlies gesperrt und musste für ihren Glauben sterben – als Märtyrerin.

Die Legende erzählt weiter: Auf dem Weg Barbaras zum Gefängnis verfing sich ein Zweig in ihrem Kleid. Sie stellte ihn in einen Krug mit Wasser. Als sie zum Tode verurteilt wurde, war der Zweig aufgeblüht. Barbara erkannte in den Blüten ein Sinnbild für das neue Leben nach dem Tod bei Gott. So ging sie tapfer, gestärkt und vertrauensvoll ihrem Schicksal entgegen.

Das ist auch der Grund, weshalb Menschen am Barbaratag, dem 4. Dezember, mitten im Winter Obst- oder Forsythienzweige in ihre Wohnungen holen und ins Wasser stellen. An Weihnachten beginnen sie zu blühen und erinnern an das große Vertrauen, das Barbara in Jesus hatte.

Die Barbarazweige lassen sich auch christlich deuten: So wie die Knospe die enge und dunkle Hülle sprengt, so sollen die Christen durch die Geburt Jesu neues Leben und neue Lebensmöglichkeiten finden. Auch Jesus hat darauf hingewiesen:

Betrachtet den Feigenbaum und alle anderen Bäume!
Sobald sie ausschlagen, seht und wisst ihr, dass der Sommer

nahe ist. Genauso sollt auch ihr, wenn ihr dies geschehen seht, erkennen: Das Reich Gottes ist nahe.
(Lk 21,29b–31)

Die Bergleute, Festungsbauer und Architekten erwählten Barbara später – abgeleitet vom Symbol des Gefängnisturmes – zu ihrer Schutzheiligen.

Das hat mit uns zu tun

In der Geschichte der heiligen Barbara baut sich eine Spannung auf, die für Kinder nicht leicht zu begreifen ist: Da steht die Faszination, die Begeisterung und Entscheidung für Jesus gegen die Auflehnung und die Abkehr vom Vater, zu dem Barbara ja ursprünglich wohl eine gute Beziehung hatte. Jesus gegen die eigenen Eltern auszuspielen, ist für Kinder schwer nachvollziehbar. Wenn sie danach fragen, sollte man ihnen klar machen, dass Barbara sich für Jesus entschieden und nicht aus Trotz gegen das Verbot ihres Vaters gehandelt hat. Einsichtiger wäre die Wahl zwischen Jesus und dem römischen Kaiser, Heil und Unheil, Befreiung und Unterdrückung. Auf diese Spannung sollte eher der Akzent gelegt werden, wenn man mit Kindern auf diesen Konflikt zu sprechen kommt.

Auf wen oder was höre ich? Woran binde ich mein Herz? Welche Meinungen und Quellen nähren meine Entscheidungen? Woraus lebe ich? Das sind Fragen, die Eltern in der Erziehung ihrer Kinder umtreiben – im Hinblick auf ihr je eigenes Handeln, aber auch im Blick auf die Werte, die sie den Kindern vermitteln möchten.

Die Legende von der heiligen Barbara plädiert hier eindeutig und mit aller Konsequenz für das Evangelium und die Person Jesu, vor allem auch für die Haltung, die

Jesus uns rät und die uns Antwort gibt auf die Frage, warum Barbara sich so entschieden hat und nicht anders. »Sucht vielmehr zuerst das Reich und seine Gerechtigkeit: dann wird euch all das dazugegeben« (Mt 6,33).

Das sollen Kinder verstehen

Barbara ist stark – nicht aus eigener Kraft und von der Situation her, aus wohlhabendem Hause zu stammen, sondern weil sie sich für Jesus entscheidet und sich an ihn bindet. Der Glaube an Jesus kann stärken und Angst überwinden.

Das können wir miteinander tun

Sie benötigen einen Satz einfache Holzbauklötze, eine Vase mit Wasser, einen Obst- oder Forsythienzweig, eine Kerze und Streichhölzer. Bereiten Sie mit ein paar Bauklötzen die Grundmauern eines Turmes vor. Der Durchmesser des Turmes sollte so groß sein, dass eine Vase darin Platz hat. Alle versammeln sich um den Turm im Kreis.

Erzählung

Vor langer Zeit lebte in der Türkei ein reicher Kaufmann, der hieß Dioskurus. Er hatte eine schöne Tochter: Barbara. Der Vater liebte und umsorgte Barbara sehr, war die Mutter doch schon früh gestorben. Wenn Dioskurus verreisen musste, brachte er Barbara in einen Turm. Der sollte sie schützen vor Gefahren und vor Menschen, die dem Vater nicht gefielen.

Die Kinder dürfen an dieser Stelle mit den Bauklötzen ein Stück des Turmes bauen.

Zu dem Turm hatten nur zwei Menschen Zugang: eine Dienerin und ein Lehrer.

Diese erzählten Barbara von Jesus, davon, wie er Kranke heilte und Trauernde tröstete. Barbara erfuhr von Jesus, wie er den Menschen von Gott erzählte, wie er letzten Endes starb und wie Gott ihn vom Tod auferweckte. Die Geschichten von Jesus gefielen ihr. Barbara spürte, wie sie ihr Herz froh machten. Sie dachte: Zu Jesus – da will ich auch dazugehören. Da beschloss sie, sich taufen zu lassen und Christin zu werden. Diese Entscheidung machte sie so glücklich, dass sie es kaum erwarten konnte, ihrem Vater alles zu erzählen. Als der zurückkam, war er aber gar nicht erfreut. Im Gegenteil: Er wurde zornig und böse, denn er selbst war ja auch kein Christ. Er wusste genau, wie die Römer und der Kaiser über die Christen dachten und wie sie sie hassten. Vielleicht wollte er Barbara davor bewahren. Zudem hatte er auf seiner Reise einen jungen, wohlhabenden Mann kennengelernt. Allerdings war er kein Christ und wollte auch keine Christin heiraten. Nachdem der Vater merkte, dass Barbara von ihrem Entschluss nicht abzubringen war, wurde er noch wütender. In seinem Zorn schrie er: »Ich verrate dich beim Kaiser!« Barbara begann innerlich zu zittern. Sie wusste, was dies zu bedeuten hatte. Der Kaiser nämlich ließ die Christen mit aller Härte verfolgen und umbringen. Was sollte sie tun?

Hier könnten die Kinder überlegen, was Barbara jetzt tun solle. (Dabei gilt es, nicht zu bewerten. Wenn ein Kind sagt, sie solle sich von Jesus abkehren, um ihr Leben zu retten, um die Beziehung zum Vater wieder ins Reine zu bringen, entspricht dies dem gesunden Empfinden von Kindern. Sein Leben gegen die eigenen Eltern aufs Spiel zu setzen – zudem für jemanden, den man nicht einmal sieht (=Jesus), ist für Kinder schwer nachvollziehbar.

Deshalb ist jede Antwort, welche die Kinder geben, an dieser Stelle ernst zu nehmen und als realistisch und gleichwertig zu behandeln.)

Barbara handelte gegen den Vater. Sie blieb sich treu und ließ sich vom Zorn des Vaters nicht entmutigen. Sie erinnerte sich an das, was ihr Lehrer ihr von Jesus erzählt hatte: »Wenn du Jesus zum Freund hast, dann brauchst du keine Angst zu haben! Gott macht dich stark!«

Der/die Erzähler/in schaut die Kinder an und sagt:
Das ist der Satz, der für Barbara ganz wichtig wurde und weshalb sie sich für Jesus entschied. Diesen Satz können wir uns gegenseitig weitersagen. Er gilt auch für jede/n von uns: »Wenn du Jesus zum Freund hast, dann brauchst du keine Angst zu haben! Gott macht dich stark!«

Eine/r beginnt und sagt den Satz dem rechten Nachbarn weiter usw. Der/die Erzähler/in wiederholt am Schluss nochmals den Satz.

Fortsetzung der Erzählung
Als der Vater merkte, dass Barbara nicht mehr umzustimmen war, wurde er so böse, dass er sie in ein Gefängnis, in ein dunkles Turmverlies werfen ließ.

Die Kinder dürfen den Turm noch höher bauen.

Es war im kalten Winter. Man erzählt, dass sich auf dem Weg zum Gefängnis ein Kirschzweig in Barbaras Kleid verfing. Barbara stellte den Zweig in eine Vase mit Wasser.

Ein Zweig wird in eine Vase mit Wasser in den Turm gestellt.

Da geschah etwas Wunderbares. An dem Tag, als Barbara zum Tode verurteilt wurde, begann der Kirschzweig zu blühen. Sie sah auf den Zweig und sagte: »Es schaute aus, als ob du tot warst, aber du bist aufgeblüht zu neuem Leben. So wird es auch mit meinem Tode sein. Ich werde erblühen zu einem neuen, ewigen Leben bei Gott.«

An dieser Stelle kann man eine Kerze entzünden und neben den Turm stellen.

Lied: Alle Knospen springen auf

2. Alle Menschen auf der Welt fangen an zu teilen.
Alle Wunden nah und fern fangen an zu heilen.
Menschen teilen …

3. Alle Augen springen auf, fangen an zu sehen.
Alle Lahmen stehen auf, fangen an zu gehen.
Augen sehen – Lahme gehen.
Menschen teilen …

4. Alle Stummen hier und da fangen an zu grüßen.
Alle Mauern tot und hart werden weich und fließen. /
Stumme grüßen – Mauern fließen.
Augen sehen – Lahme gehen.
Menschen teilen …

(Text: Wilhelm Willms / Melodie: Ludger Edelkötter

Schlussimpuls für Eltern

Du bist gestorben für Jesus.
Auch unser Leben ist ein Sterben.
Aber in der Liebe entsteht Neues,
Ewiges, Blühendes:
unser wahres Weihnachten.
Sei uns nahe, wenn die Kälte uns bedrückt
und der Winter uns bedroht.
Gib uns Menschen, die uns Wärme schenken,
die in den Knospen unseres Bemühens
das Blühen erkennen,
in den oft kahlen Zweigen unseres Alltags
die verborgene Freude.
(Wolfgang Bader)

Vom Nikolaus ohne Schlitten

ALBERT BIESINGER

Hat es den Nikolaus wirklich gegeben? Kommt der Nikolaus direkt aus dem Himmel zu mir? Warum hat der Nikolaus einen Knecht Ruprecht? Warum hilft der Bischof Nikolaus nicht auch heute armen Kindern?

Das wissen wir dazu

Die legendäre Heiligengestalt des Bischof Nikolaus, dessen Fest wir am 6. Dezember feiern, wurzelt in zwei historischen Personen. Zum einen im wenig bekannten Bischof Nikolaus von Pinora (gestorben am 10. Dezember 564) und zum anderen in Bischof Nikolaus, der im 3./4. Jahrhundert in Myra in Lykien lebte, das am Mittelmeer in der heutigen Türkei liegt. Darüber hinaus kann es aber auch sein, dass der Name Nikolaus lediglich eine Ehrenbezeichnung für den Bischof von Myra war. Im Griechischen bedeutet der Name Nikolaus »Sieger des Volkes«. Dieser Ehrentitel passte auf ihn, denn er hat den Menschen gezeigt, dass das Gute siegt und das Böse besiegt werden kann.

Die Verehrung des heiligen Nikolaus kam über Italien und erlebte im 10./11. Jahrhundert einen großen Aufschwung. Die Legenden über ihn reichen von der Befreiung dreier zu Unrecht eingekerkerter Feldherren bis zur Rettung Schiffbrüchiger. Er ist deswegen auch der Patron der Gefangenen und der Seefahrer. Sehr bekannt ist die Geschichte von der heimlichen Beschenkung dreier Jungfrauen mit je einem Goldstück, damit sie heiraten konnten. Dadurch entstand die Bedeutung des heiligen Nikolaus als Spender guter Gaben. Er wird deswegen auch mit drei

Goldkugeln dargestellt. Eine weitere sehr bekannte Legende ist die Rettung Myras vor der Hungersnot.

Martin Luther legte Wert darauf, dass das Christkind die Kinder zu Weihnachten beschert und nicht der Bischofs Nikolaus. Heute wird sowohl in evangelischen wie auch in katholischen Familien so gefeiert. Der Besuch des Bischofs Nikolaus wurde in der Zeit nach der Reformation etwa im 17. Jahrhundert als religiöse Erziehung und Adventspädagogik verstanden. Denn hier war am 6. Dezember das Evangelium mit dem Gleichnis von den Talenten, die den Menschen anvertraut werden, vorgesehen (vgl. Mt 15,14–23).

Im Sinne des Gegensatzes von Gut und Böse trat der Nikolaus als gütiger Mensch oft in Begleitung verschiedener Schreckfiguren auf: Knecht Ruprecht, Krampus, Klaubauf u. a. Deren negative Aktivitäten verselbstständigten sich zunehmend und machten den Kindern nur noch Angst.

Das hat mit uns zu tun

Beschenkt zu werden ist die zentrale Idee des Christentums: Dass wir überhaupt ins Leben gekommen sind, ist ein Geschenk Gottes und unserer Eltern. Unser ganzes Leben ist geschenktes Dasein. Durch das Nikolausspiel wird dies im Jahresrhythmus für Kinder, aber auch für uns Erwachsene symbolisiert.

Der »Weihnachtsmann« hat im öffentlichen Bewusstsein den heiligen Nikolaus zu verdrängen versucht. Die Schokoladenfiguren sind überwiegend Weihnachtsmänner, nur selten findet man Figuren als Bischof mit Mitra und Stab dargestellt. Große Einkaufszentren wollen mit dem Weihnachtsmann, der ähnlich gekleidet ist wie der Bischof

Nikolaus, lediglich eine Kaufstimmung verbreiten. Hier ist es nun bedeutsam, eine religiöse Gegenkultur aufzubauen, um dieser oberflächlichen Banalisierung entgegenzutreten. Der Nikolaus bringt etwas; er will für sich selbst nichts. Schafft man es, durch profilierte Nikolausspiele mit den Kindern zu Hause oder in den Kindertagesstätten die Kernaussage der Nikolauslegenden zu vermitteln, nämlich die selbstlose Hilfe für andere, so durchschauen die Kinder das emotionsgeladene »Gedudel« in den Kaufhäusern.

Es ist in der heutigen Gesellschaft für Kinder wichtig, religiöse Erfahrungen machen zu können. Es ist erschreckend, wenn in Kindergärten die Nikolausfeiern aufgrund von nichtreligiösen oder andersgläubigen Kindern verboten werden. Wir verschenken viel, wenn wir die verschiedenen religiösen Wege sich gegeneinander ausspielen lassen und dadurch christliche Rituale und Feiern nicht mehr vollziehen. Zum einen gehören die christlichen Brauchtümer zu unserer Gesellschaft. Zum anderen ist es etwa für Kinder generell interessant, ein solches Nikolausspiel kennenzulernen und dabei sein zu können. Es zeigt sich etwa, dass muslimische Kinder interessiert sind, was christliche Kinder mit Nikolaus, Advent und Weihnachten meinen. Im Sinne von interreligiösem Lernen wird man dann auch den christlichen Kindern erklären, was z. B. der Ramadan im Islam bedeutet.

Zur Bildung gehört religiöse Orientierung. Diese gewinnen Kinder am intensivsten durch Feste und Feiern, bei denen sie mit großen Augen und dem Herzen dabei sind und sich entsprechend beteiligen können. Dass bei christlichen Ritualen etwa muslimische oder nichtreligiöse Kinder nicht vereinnahmt werden dürfen und solche

Feste sensibel vorzubereiten und zu feiern sind, ist selbstverständlich zu beachten. Gerade die Person des Bischofs Nikolaus ist für viele muslimische Kinder leicht zugänglich. Viele sagen: »Der Nikolaus kommt aus der Türkei.«

Das Nikolausspiel ist ein heiliges Spiel, das auf ein großes Geheimnis unseres Lebens hinweist: Es gibt Rettung in der Not. Gott schickt seine Hilfe in der Gestalt konkreter Menschen. Wir alle können füreinander Nikolaus sein, indem wir Ähnliches tun wie er. Optisch könnte dies z. B. dadurch sichtbar gemacht werden, dass man am Schluss eines Nikolausspiels einem der Kinder den Stab in die Hand drückt und die Mitra auf den Kopf setzt. Auch Kinder können füreinander »Nikolaus« sein … Der Bischof Nikolaus hilft auch heute noch, wenn wir – wie er – einander helfen.

Das sollen Kinder verstehen

Das heilige Nikolausspiel ist eine Tradition, die Kinder und ihre Eltern tröstet. Es gibt immer wieder Menschen, die in der Not weiterhelfen. Bischof Nikolaus ist das Beispiel für einen Menschen mit großem Herzen.

Der Bischof Nikolaus und sein heiliges Spiel ist aber deswegen so populär geworden und hat sich über so lange Zeit erhalten, weil er gleichzeitig eine Mahnung und Herausforderung dafür ist, Menschen in der Not nicht alleinzulassen. Kinder und ihre Eltern müssten nicht hungern, wenn es auf dieser Welt gerechter und liebevoller zugehen würde. Kinder und Jugendliche könnten bei ihren Eltern bleiben, wenn sich mehr Menschen anstrengen würden, friedlich miteinander zu leben.

Der Nikolaus bringt Geschenke, ist aber selbst eine Botschaft Gottes für unsere Zeit – eine echte Herausforderung.

Das können wir miteinander tun

Füreinander Nikolaus sein. Wenn sich die Familie trifft – oft mit anderen Familien zusammen – und der Nikolaus kommt, dann entsteht Spannung und eine besondere Atmosphäre.
Bei der Feier, bei der gemeinsam gesungen, musiziert, ein Gedicht vorgetragen und vor allem den Geschichten vom Bischof Nikolaus gelauscht wird, ist jede Art von Angst und Drohung fernzuhalten. Man kann es nicht deutlich genug formulieren: Der Nikolaus darf nicht als Erziehungsmittel missbraucht werden, das Nikolausspiel ist nicht mit der Rute des Knechtes Ruprecht in Verbindung zu bringen.

Nikolausfeier

Nach einem Entwurf von Ursula Mast,
Kindergarten St. Michael, Rottenburg

Begrüßung der Kinder

Lied: Lasst uns froh und munter sein

1. Lasst uns froh und munter sein
und uns recht von Herzen freun. Lustig …

2. Dann stell ich den Teller auf,
Niklaus legt gewiss was drauf. Lustig …

3. Wenn ich schlaf, dann träume ich:
Jetzt bringt Nikolaus was für mich. Lustig …

4. Wenn ich aufgestanden bin,
lauf ich schnell zum Teller hin. Lustig …

5. Nikolaus ist ein guter Mann,
dem man nicht gnug danken kann. Lustig …

(Text/Melodie: aus dem Rheinland)

Nikolaus begrüßt die Kinder

Wir spielen heute das heilige Spiel von Bischof Nikolaus, weil er so vielen Menschen geholfen hat.

Er erzählt kurz über sich: Er sei ein Freund des hl. Nikolaus, der vor vielen Jahren gelebt hat; weist darauf hin, dass Nikolaus Bischof war, zeigt Stab und Mitra.

Gedicht

Grüß Gott, grüß Gott, St. Nikolaus,
wir freuen uns gar sehr.
So setze dich, du lieber Gast,
bist müde, kommst weit her.
Warst immer gut den Kindern all,
drum lieben sie dich auch;
und Schenken, lieber Nikolaus,
war immer schon dein Brauch.

Erzählung der Nikolauslegende: »Nikolaus und Jonas mit der Taube«

Hier ist die Stadt Myra. Dort lebt Bischof Martin.
Hier ist sein Haus.

Die Kinder formen mit ihren Händen ein Dach über dem Kopf.

Einmal, im Sommer, brannte die Sonne viele Monate lang auf die Erde. Das Gras färbte sich braun. Auf den Feldern verdorrte das Korn. Keine Wolke zeigte sich am Himmel. Es regnete nicht. Die Wasserstellen vertrockneten. Nur die tiefsten Brunnen spendeten noch Wasser. Ein Brunnen lag in der Mitte der Stadt.

Die Kinder formen mit ihren Armen einen Ring vor ihrem Oberkörper (Brunnen).

Die Frauen gingen mit Krügen zum Brunnen, um Wasser zu schöpfen. Sie trugen das kostbare Wasser vorsichtig wieder heim.

Alle Kinder tragen pantomimisch einen Krug.

Viele Tiere mussten sterben. Übers Land kam eine große Hungersnot. Die Vorratskammern waren leer.
Am Abend konnten die Kinder nicht einschlafen. Der Bauch tat ihnen weh. Sie riefen: Gib mir Brot! Aber die Mutter hatte kein Brot. Manchmal sang sie ein Lied, damit die Kinder den Hunger vergaßen.

Alle Kinder strecken die Hände aus (bittende Haltung).

Bischof Nikolaus ging am Abend oft durch die Straßen. Er hörte das Weinen der Kinder. Er sah durch die Fenster und spürte die Not der Menschen. Gern hätte er geholfen, jedoch er hatte kein Brot.
Eines Tages näherte sich dem Hafen am Meer ein Schiff. Es kam aus einer fernen Stadt und war beladen mit Korn.

Die Kinder spielen mit den Händen Wasserwellen.

An diesem Tag war Bischof Nikolaus unterwegs. Er wollte einen Kranken besuchen.
Er traf einen kleinen Jungen. Dieser trug eine Taube.

»Wer bist du?«, fragte Bischof Nikolaus.
»Ich bin Jonas mit der Taube. Sie ist müde und matt. Sie hat nichts mehr zu fressen.«
»Wohin gehst du?«, fragte Bischof Nikolaus.
»Ich will zum Hafen, dort ist ein Schiff, voll beladen mit Korn.«
Da nahm Bischof Nikolaus den Jonas an der Hand und ging mit ihm zum Hafen. Er dachte: Aus Korn kann man Mehl mahlen, aus Mehl Brot backen, dann hat die Hungersnot ein Ende.

Als die beiden zum Hafen kamen, waren viele Menschen dort.

Alle Kinder trippeln mit den Füßen schnelle Schritte.

Die Menschen waren still. Die Matrosen des Schiffes hielten ihnen ihre Lanzen entgegen.

Alle Kinder strecken die Hände vor.

Bischof Nikolaus rief: »Wo ist der Kapitän?«
»Hier bin ich!«, rief der Kapitän.
»Kann ich zu dir auf das Schiff kommen?«, fragte Bischof Nikolaus. »Ja, aber komm allein,« rief der Kapitän.
Die Matrosen schoben ein schmales Brett vom Schiff an das Ufer.

Bischof Nikolaus ging hinüber, aber es wurde ihm schwindelig. Da eilte Jonas herbei; er führte ihn an der Hand hinüber.
»Was willst du von mir?«, fragte der Kapitän.
»Du siehst, die Leute hier leiden große Not. Verkaufe uns einen Teil deiner Kornsäcke.«
»Das darf ich nicht Es ist alles genau abgewogen. Die

Kornsäcke sind für den Kaiser. Der Kaiser bestraft mich, wenn ich die Kornsäcke nicht alle abgebe.«
»Die Leute müssen sterben vor Hunger, wenn du ihnen nicht hilfst.«
»Also gut, ladet die Säcke ab.«
Die Matrosen trugen viele Säcke mit Korn an das Land. Jetzt hatte die Hungersnot ein Ende.

Alle Kinder spielen pantomimisch: einen Sack tragen, schwere Schritte, Säcke ausschütten. Sie zeigen mit den Händen wie der Kornberg wächst.

Bischof Nikolaus ließ das Korn verteilen. Aus Korn wurde Mehl gemahlen, aus dem Mehl Brot gebacken.
Die Menschen gaben sich die Hände.
Alle waren glücklich und jubelten Bischof Nikolaus zu.

Kinder fassen sich an den Händen.

Singspiel (für kleinere Kinder): Lieber, guter Nikolaus

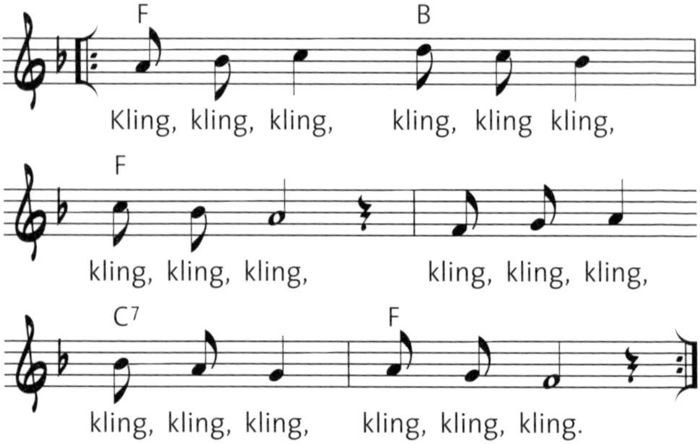

2. … wir rasseln dir ein Stück.
Rasseli, rasseli, rassela, …

3. … wir trommeln dir ein Stück.
Tromterom, tromterom, tromptera, …

4. … wir tanzen dir ein Stück.
Tralala, tralala, tralala, …

(Text / Melodie: Herkunft unbekannt)

Tipp

Wir überlegen gemeinsam:
Kennen wir Kinder, denen es nicht gut geht?
Sind sie vielleicht arm, krank oder einsam?
Können wir diesen Kindern helfen?
Was könnten wir tun, um ihnen
ein bisschen Freude zu schenken?
Oft sind es unscheinbare Sachen,
die anderen große Freude bereiten.

Schlussimpuls für Eltern

Nikolaus war kein Mann der Worte, sondern der Tat. Es ist wohl kein Zufall, dass von ihm keine Schriften und schönen Predigten, sondern einzig und allein Taten überliefert wurden.

Statt langer Rede oder moralischer Ermahnungen handelte er als Christ, indem er kurz entschlossen half und rettete.

(Robert Hotz SJ)

Vom Abend, den
wir »heilig« nennen
ULRIKE MAYER-KLAUS

Warum feiern wir eigentlich Jesu Geburtstag, obwohl der schon lange gestorben ist? So viele wollten den neugeborenen Jesus sehen. War er damals schon berühmt? Und warum gab man ihm dann keine bessere Unterkunft als einen Stall?

Das wissen wir dazu

In den Evangelien gibt es keinerlei Anhaltspunkte für den Tag der Geburt Jesu. Auch wurde er in den ersten Jahrhunderten nicht gefeiert. Warum ist dies so?

Dazu müssen wir wissen, dass die Evangelien (die vier Bücher im Neuen Testament, die uns vom Leben und Wirken Jesu erzählen) nicht unmittelbar nach Jesu Tod ihre Niederschrift fanden. Die Evangelisten Matthäus, Markus, Lukas und Johannes schrieben in der Zeit zwischen 70 und 120 n. Chr. Sie selbst kannten Jesus nicht, sondern versuchten jeweils eine Zusammenschau der Informationen und Quellen, die sie mündlich oder schriftlich bekamen, zu verfassen. Allen gemeinsam ist die Verkündigung der Frohen Botschaft (griech. *euangelion* = gute Nachricht) vom Sohn Gottes, der in die Welt kam und dem Leben diente bis in den Tod. Gott hat ihn auferweckt, um zu zeigen, dass der Tod nicht das Ende ist. Die Evangelisten verfassten ihre Texte vom Ende her, d. h. sie schilderten ihre »Lebensberichte« von Jesus als dem Auferstandenen. Sie deuteten und beschrieben die Person Jesu aus ihren Erfahrungen und aus ihrem Glauben heraus. Insbesondere Markus, Matthäus und Lukas geht es um die Verkündigung des

Reiches Gottes, das mit Jesus in die Welt kam und seinen Anfang nahm. Nur zwei der Evangelienschreiber, Lukas und Matthäus, interessierten sich überhaupt für den Anfang, für die Kindheitsgeschichte Jesu. Matthäus war eher wichtig, von Jesus als einem Nachkommen aus dem Hause Davids zu berichten. Deshalb zählt er zu Beginn seines Evangeliums die ganze Ahnenreihe auf, die zurückreichte bis zu König David. Damit bringt er die Geburt Jesu in Zusammenhang mit der großen Heilsgeschichte des Volkes Israel, das im Kommen Jesu seinen Höhepunkt fand. Bei Matthäus hören wir auch von den Sterndeutern, den Beratern von Königen, die Jesus ihre Huld erwiesen.

Der Evangelist Lukas berichtet ausführlich über die Geburt Jesu. Dabei forschte er nicht nach, ob sich alle Einzelheiten genau so ereignet haben oder nicht. Vielmehr wollte er zeigen: Gott kommt aus dem Überweltlichen, der Unantastbarkeit herunter und begibt sich in die Gestalt eines Menschen. Er stellt der politischen Großmacht des Römerreiches das Reich Gottes gegenüber, das sich im armseligen Kind in der Krippe zeigt. Und gerade dieses Kind ist der Retter der Welt – von Anfang an.

Und dann überlegte er, wie es möglich ist, diese schöne Nachricht so in Bilder und Worte zu fassen, dass die Menschen sie begreifen können. Er schrieb von den Hirten und Engeln, vom Stall im Betlehem, von Ochs und Esel neben der Krippe.

Einen historisch genauen Termin, wann Jesus geboren wurde, haben wir nicht. In den ersten Jahrhunderten wurde der Tag der Geburt Jesu auch nicht gefeiert. Wie kam man dann auf den 25. Dezember?

Dazu gibt es unterschiedliche Vermutungen:

An diesem Tag feierten die Römer das Fest des unbesiegbaren Sonnengottes. Die Völker im Norden feierten den Tag der Wintersonnenwende, von dem an das Sonnenlicht wieder zunimmt.

Für die Christen war klar: Jesus ist die wahre Sonne, das Licht der Welt. Deshalb legten sie das Geburtsfest Jesu auf den Tag des Sonnenfestes.

»Weihnachten« hat seinen Namen von der »geweihten Nacht« und erinnert an die geweihten, heiligen Mittwinternächte der Germanen, die sie aus Angst vor Unglück und bösen Geistern den Göttern weihten.

Mit der Geburt Jesu bricht eine neue Zeit an. Die Menschen werden erlöst und befreit von dem Druck, die Götter der Germanen durch Weihe-Rituale friedlich zu stimmen. Vielmehr nimmt sich Gott der dunkelsten Nächte der Menschen – auch im übertragenen Sinne – an. Er kommt mitten in die Fragen des Lebens und die Sehnsüchte der Menschen. Er befreit sie von ihren Todesängsten und ermöglicht neue Lebensperspektiven. Hier nimmt das Erlösungsgeschehen seinen Anfang. Hier beginnt der Weg Gottes mit den Menschen. Das ist schon lange her – über 2000 Jahre. Und wenn wir dieses Geschehen in die Mitte unserer weihnachtlichen Feier stellen, dann holen wir die Botschaft, die uns Großen wie Kleinen, Reichen und Bedürftigen, Erfolgreichen und Gescheiterten in gleicher Weise wie den Hirten damals gilt, ins Heute, ins Hier und Jetzt: »Euch ist heute der Heiland geboren!« Um nicht bei einer theoretisch überlieferten Tradition stehen zu bleiben, braucht es so etwas wie die innere Aneignung dieser Botschaft, das Hineinsagen der Worte in unsere Lebenswirklichkeit. Das ist nicht immer einfach. Das kann ganz schön provozieren angesichts der Grenzen und Leiden, in denen Menschen stehen, vor allem im Wissen darum, dass sich ihre Situation durch das Geschehen von Weihnachten nicht grundlegend verändert.

Wir zeigen in unseren Feiern unsere Bereitschaft, dem endgültigen Heil, der Erlösung entgegenzugehen. Es liegt an uns, ob wir dieses Heilsangebot von Gott annehmen, es uns zu eigen machen, sodass er Gestalt in uns annimmt und wir aus diesem Halt heraus unser Leben gestalten. Die Schlüsselfrage, an der sich unser Leben entscheidet, lautet: Können wir glauben, dass Gott sich von der Ferne in die Nähe, von oben nach unten, vom Himmel auf die Erde eingelassen hat, sodass ihm nichts Menschliches und alles, was dazugehört, fremd bleibt? Können wir darin Hoffnung und Halt für unser Leben, für unsere Sehnsüchte, Ängste und Unsicherheiten finden? Ja oder nein? An dieser Frage entscheidet sich, ob die Botschaft von der Heiligen Nacht für uns heilend und tröstend wirkt.

Denn »wird Christus tausendmal zu Betlehem geborn und nicht in dir: du bleibst doch ewiglich verlorn« (Angelus Silesius).

Das hat mit uns zu tun

Wir riechen, sehen und hören Weihnachten schon lange vorher, sind empfänglich und fasziniert zugleich, erinnert eine solche Atmosphäre doch an die Kindheit, an Heimat, an Geborgenes, wonach wir uns letztlich doch alle sehnen.

Große Hoffnungen werden auf dieses Fest hin wach. Wo Missverständnisse und Konflikte sind, wünscht man sich Frieden, wo Menschen warten, versucht man zu schenken – ein bisschen Zeit oder ein handgreifliches Symbol. Das *Warum* des Schenkens müsste hier noch etwas deutlicher werden.

Die Hoffnung auf Frieden, auf Harmonie hat aber auch eine gefährliche Seite. Nicht umsonst kommt es an Heiligabend in manchen Familien zum Konflikt, den man genau zu diesem Zeitpunkt und Anlass nicht will. Wir müssen aufpassen, den Erwartungsbogen nicht zu weit – fernab der Realität, in der wir sonst leben – zu spannen. Es geht also darum, sich realistische Ziele zu setzen – auch im Blick auf die Feier. Heiliger Abend bedeutet nicht, dass ab jetzt und auf Knopfdruck die »heile Welt« einzieht. Es gilt, im Vorfeld gut zu überlegen, was mit den einzelnen Mitfeiernden inhaltlich gehen kann und was nicht. Dementsprechend sollte das Programm gestaltet sein – im Wissen, dass auch dies keine Garantie für ein gutes Gelingen ist.

Das sollen Kinder verstehen

Gott wird in Jesus ein Mensch, damit die Menschen wissen und merken: Sie sind im Dunkel ihres Lebens nicht alleingelassen. Jesus bringt Rettung und Heil. Jesu Geburt ist der Anfang einer vertieften Freundschaft zwischen Gott und den Menschen. Diese Freundschaft feiern wir jedes Jahr am Heiligen Abend und freuen uns, wenn wir an Gottes Zuwendung wieder neu erinnert werden: Ich bin mit dir! Du brauchst dich vor nichts zu fürchten! Ich bringe Licht in dein Leben!

Das können wir miteinander tun

Die Familie versammelt sich im relativ dunklen Raum. Es brennen zunächst keine Kerzen, weder am Christbaum noch an der Krippe. Alle sitzen im Kreis um eine schlicht gestaltete Mitte (schönes Tuch mit einer Kerze, die evtl. später ihren Platz an der Krippe finden könnte). Für die Feier wird außerdem benötigt und sollte bereitstehen: eine Bibel, ggf. eine Kinderbibel, das Jesuskind in der Krippe, für alle eine kleine Kerze bzw. Teelichter (für die Fürbitten) und Streichhölzer.

Ein/e Erwachsene/r spricht:
Jetzt ist er da, der Heilige Abend,
auf den wir uns schon lange freuen.
Ihr Kinder konntet es kaum erwarten.
Warum ist dieser Abend so besonders?
Warum nennen wir ihn »heilig«?
Wir erfahren davon in dieser Feier.
Noch ist es dunkel in unserem Raum.
Spürt dieses momentane Dunkle einmal
ganz bewusst, wie es sich anfühlt …
Ein Lied beschreibt das Gefühl, das jemand
haben kann, der im Dunkeln sitzt:

Alle singen dieses Lied oder jemand spricht den Text vor.

Lied: Wir warten auf das Licht

(Text / Musik: Herkunft unbekannt)

In unserem Leben gibt es auch Dunkles:
Menschen, denen wir begegnen …
Nachrichten, die wir hören …
aber auch bei uns selbst gibt es
manchmal Dinge, die unser Herz traurig
und dunkel machen …
Wer möchte, kann jetzt sagen, was ihm dazu
einfällt.

Die einzelnen Mitfeiernden können Beispiele nennen.

An Weihnachten feiern wir, dass Gott Licht in das Dunkel
der Menschen bringt.
Damals – als Jesus geboren wurde –
hat das angefangen.
Wir brauchen es immer wieder neu.
Und Gott schenkt uns dieses Licht –
immer wieder neu.

Jemand geht zur Mitte und entzündet die Kerze.

Die zweite Strophe des Liedes: Wir warten auf das Licht

2. Seht die Kerze, wie sie leuchtet,
wie sie strahlt in dunkler Nacht.
Allen Menschen, die sie sehen,
hat sie Freude gebracht,
hat sie Freude gebracht.
Seht die Kerze, wie sie leuchtet,
wie sie strahlt in dunkler Nacht.

Wir erinnern uns an den Anfang
der besonderen Freundschaft von Gott
und den Menschen.

Gott schenkt uns in Jesus ein großes Licht,
einen Retter, der uns aus
dem Dunkel zum Licht führt.

Jemand trägt die Bibel feierlich in die Mitte
und legt sie neben die Kerze.
Die Weihnachtsgeschichte wird gelesen – unterbrochen nach der
Stelle »und sie gebar ihren Sohn ...« (Lk 2,7).
Hier stellt jemand das Kind in der Krippe dazu.
Danach wird die Weihnachtsgeschichte zu Ende gelesen.
Alle singen jetzt gemeinsam:

Lied: Ihr Kinderlein kommet

1. Ihr Kinderlein, kommet, o kommet doch all!
Zur Krippe her kommet in Betlehems Stall.
Und seht, was in dieser hochheiligen Nacht
der Vater im Himmel für Freude uns macht.

2. O seht in der Krippe im nächtlichen Stall,
seht hier bei des Lichtes hell glänzendem Strahl,
in reinlichen Windeln das himmlische Kind
viel schöner und holder, als Engelein sind.

3. Da liegt es, ihr Kinder, auf Heu und auf Stroh.
Maria und Josef betrachten es froh.
Die redlichen Hirten knien betend davor,
hoch oben schwebt jubelnd der Engelein Chor.

4. O beugt, wie die Hirten, anbetend die Knie,
erhebet die Händlein und danket wie sie;
stimmt freudig, ihr Kinder, wer wollt' sich nicht freun,
stimmt freudig zum Jubel der Engel mit ein!

(Text: Christoph v. Schmid / Melodie: Johann Abraham Peter Schul)

Jesus kam zu den Menschen damals.
Daran erinnern wir uns.
Manche denken vielleicht:
Schade, dass er nicht heute
nochmals in echt kommt!
Aber das braucht er nicht.
Denn wir wissen: Er hat einmal gesagt:
Wenn ich nicht mehr in der Welt bin,
dann bin ich trotzdem bei euch alle Tage.
Im Heiligen Geist bin ich unsichtbar da.
Und ich erfülle eure Herzen und mache euch froh.
So will er auch heute zu uns kommen
und unser Leben hell machen.
Die Botschaft »Euch ist heute der Heiland geboren!« gilt
jedem von uns.

Ein/e Erwachsene/r nimmt das Jesuskind mit der Krippe aus der Mitte in die Hand, wendet sich dem linken Nachbarn zu und reicht es diesem achtsam und mit den Worten weiter:
»N. *(Namen nennen)*, dir ist heute der Heiland geboren!«

So verfahren alle reihum. Der/die Letzte in der Runde bringt das Kind in der Krippe wieder zur Mitte.

Denken wir nun an die Menschen im Dunkeln und an all das Dunkle, das wir am Anfang genannt haben …
Wir bitten Gott, dass er auch dort Licht ins Dunkel bringt.

An dieser Stelle können Bitten formuliert, dazu jeweils ein Licht entzündet und zur Mitte gestellt werden.

Anschließend folgt die dritte Strophe des obigen Liedes: Wir warten auf das Licht

3. Liebe Kerze, brenne weiter,
dass es hell wird überall:
Bei den Menschen auf den Bergen
und auch unten im Tal
und auch unten im Tal.
Liebe Kerze, brenne weiter,
dass es hell wird überall.

Alle fassen sich an den Händen und beten gemeinsam das Vaterunser:

Vater unser im Himmel,
geheiligt werde dein Name.
Dein Reich komme.
Dein Wille geschehe,

wie im Himmel so auf Erden.
Unser tägliches Brot gib uns heute.
Und vergib uns unsere Schuld,
wie auch wir vergeben unsern Schuldigern.
Und führe uns nicht in Versuchung,
sondern erlöse uns von dem Bösen.
Denn dein ist das Reich und die Kraft
und die Herrlichkeit in Ewigkeit. Amen.

Gottes guter Segen
sei mit uns auf unseren Wegen,
sein Licht erhelle alles Dunkle und unser Herz.
Dazu segne uns der Vater, der Sohn und der Heilige Geist.
Amen.

Alle singen gemeinsam:

Lied: Stille Nacht, heilige Nacht

1. Stille Nacht! Heilige Nacht!
Alles schläft, einsam wacht
nur das traute hochheilige Paar.
Holder Knabe im lockigen Haar:
Schlaf in himmlischer Ruh
schlaf in himmlischer Ruh.

2. Stille Nacht! Heilige Nacht!
Gottes Sohn, o wie lacht
Lieb aus deinem göttlichen Mund,
da uns schlägt die rettende Stund:
Jesus, in deiner Geburt!
Jesus, in deiner Geburt!

3. Stille Nacht! Heilige Nacht!
Hirten erst kund gemacht,
durch der Engel Halleluja
tönt es laut von fern und nah:
Christ der Retter ist da!
Christ der Retter ist da!

(Text: Joseph Mohr, 1816 (Urfassung) / Melodie: Franz Xaver Gruber, 1818)

Schlussimpuls für Eltern

Weihnachten heißt: Er ist gekommen.
Er hat die Nacht hell gemacht.
Er hat die Nacht unserer Finsternis,
die Nacht unserer Unbegreiflichkeiten,
die grausame Nacht
unserer Ängste und Hoffnungslosigkeiten
zur Weihnacht, zur heiligen Nacht gemacht.

Gott hat sein letztes, sein tiefstes,
sein schönstes Wort
im fleischgewordenen Wort
in die Welt hineingesagt.
Und dieses Wort heißt:
Ich liebe dich, du Welt und du Mensch.
Ja, zündet die Kerzen an!
Sie haben mehr recht als alle Finsternis.
(Karl Rahner)[3]

Vom göttlichen Kind in der Krippe

ALBERT BIESINGER

Kommt das Christkind wirklich vom Himmel oder aus dem Wald? Kann Gott überhaupt einen Sohn haben? Warum ist Jesus in einer Krippe und nicht in einem Königspalast geboren, wenn er doch der König der Welt sein soll? Bringt das Christkind wirklich die Geschenke? Warum mussten Maria und Josef von Nazaret nach Betlehem gehen? Wie konnten die Hirten wissen, dass das Kind in der Krippe das göttliche Kind ist? Woher wusste Maria, dass ihr Sohn der Retter der Welt wird?

Das wissen wir dazu

Jesus von Nazaret wurde in der Regierungszeit des Königs Herodes vor mehr als 2000 Jahren geboren. Die Zeitrechnung in unserem Kulturkreis wird mit »vor Christus« und »nach Christus« angegeben. In anderen Kulturkreisen gibt es andere Jahresberechnungen.

Jesus wurde vom Engel Gottes als Sohn des Höchsten angekündigt. Die junge Frau Maria wurde vom Engel gefragt, ob sie die Mutter Jesu werden will, und sie hat – gehorsam und mutig – Ja gesagt (Lk 1,26–38).

Jesus ist bei Maria und Josef in Nazaret aufgewachsen. Er wird von seiner Umgebung der »Sohn des Zimmermanns« genannt.

Jesus war aber nicht einfach nur ein guter Mensch, ein großer Prophet, ein Heiler oder gar Sozialrevolutionär. Denn er ist mehr als nur ein Mensch: er ist Sohn Gottes. Dies ist ein Geheimnis, das nie ganz verstanden werden kann. Er hat in dieser ganz außergewöhnlichen Beziehung mit Gott, dem Schöpfer der Welt, zu dem er Vater sagte, gelebt – selbst wahrer Gott.

Seine Hauptaufgabe war es, aus der göttlichen Welt in unsere Welt hier auf der Erde einzutauchen und sich auf diese Weise mit uns Menschen auf eine Stufe zu stellen. Vielfach wird die göttliche Welt als der Himmel umschrieben. In der Bibel wird dies in einem Brief des Apostels Paulus eindrucksvoll ausgedrückt:

Seid untereinander gesinnt,
wie es einem Leben in Christus Jesus angemessen ist.
Der in der Daseinsweise Gottes war,
hielt nicht daran fest, Gott gleich zu sein,
sondern er entäußerte sich selbst,
nahm Sklavendasein an
und wurde den Menschen gleich.
Im Äußeren erfunden als Mensch,
erniedrigte er sich selbst
und wurde gehorsam bis zum Tod,
bis zum Tod am Kreuz.
Darum hat Gott ihn erhöht
und ihm den Namen gegeben,
der über alle Namen ist,
auf dass im Namen Jesu sich jedes Knie beuge
im Himmel,
auf der Erde
und unter der Erde

und jede Zunge bekennt:
Jesus Christus ist der Herr,
zur Ehre Gottes, des Vaters.
(Phil 2,5–11)

Dass Jesus Christus aus der göttlichen Welt kommend sich so mit uns Menschen verbindet, dass Gott seinen Sohn in diese Welt schickt, der als Kind Jesus von Nazaret in der Krippe in Betlehem – arm und bedroht – geboren wird, ist das Anrührende an der Beziehung Gottes zu den Menschen. Wir sind zugehörig zu Gott, weil er selbst zu uns gehört, mit uns den Weg der Menschen geht und uns befreit.

Darin unterscheidet sich das Christentum komplett vom Judentum und vom Islam, mit denen es sich zusammen auf Abraham beruft.

Im Judentum ist es völlig undenkbar, dass Gott Mensch wird. So glauben die Juden daran, dass der Messias noch kommen wird.

Muslime vertrauen auf Allah. Sie halten Jesus für einen Propheten. Er wird sehr positiv eingeschätzt, aber er ist nicht Gottes Sohn. Gott kann für Muslime keinen Sohn haben.

Umso mehr ist es für Christen das große Geschenk, dass sich Gott uns in dem Kind von Betlehem mitgeteilt hat. Er steigt in seinem Sohn Jesus Christus selbst in diese Welt hinab, teilt das Leben mit uns Menschen, auch das komplizierte, oft traurig machende Leben. Er selbst geht durch den menschlichen Tod hindurch, erlebt auch das Sterben. In seinem Sohn Jesus Christus gibt uns Gott die Botschaft, dass wir über den Tod hinaus zu ihm gehören, dass es ein Weiterleben nach dem Tod gibt. Dies können und sollen wir uns nicht zu konkret vorstellen, weil es immer auch unsere Vorstellungsmöglichkeiten übersteigt.

Jesus Christus ist aber nicht so Gottes Sohn, wie ein leibliches Kind von Vater und Mutter gezeugt wird. Es ist Gottes Geist, der in dem Kind von Betlehem, Jesus, Gestalt angenommen hat und uns begegnet. Dass Gott als armes Kind in die Welt kommt, dass die Hirten auf dem Felde es sind, die von den Engeln als Erste von seiner Geburt hören, zeigt die Nähe Gottes zu den armen und ausgegrenzten Menschen.

Das, was wir wissen, haben wir aus dem Evangelium nach Lukas:

In jenen Tagen erging ein Erlass des Kaisers Augustus, den ganzen Erdkreis (in Steuerlisten) einzutragen. Diese Aufzeichnung war die erste und geschah, als Quirinius Statthalter von Syrien war. Alle gingen hin, sich eintragen zu lassen, ein jeder in seine Stadt. Auch Josef zog von der Stadt Nazaret in Galiläa hinauf nach Judäa in die Stadt Davids, die Betlehem heißt. Denn er war aus dem Haus und Geschlecht Davids. Er wollte sich mit Maria eintragen lassen, seiner Frau, die schwanger war. Während sie dort waren, kam für Maria die Zeit ihrer Niederkunft, und sie gebar ihren Sohn, den Erstgeborenen, wickelte ihn in Windeln und legte ihn in eine Krippe, weil in der Herberge für sie kein Platz war.
In derselben Gegend waren Hirten auf dem Feld, die bei ihrer Herde Nachtwache hielten. Da trat der Engel des Herrn zu ihnen, und die Herrlichkeit des Herrn umstrahlte sie, und sie fürchteten sich sehr. Der Engel aber sagte zu ihnen: Fürchtet euch nicht! Denn ich verkünde euch eine große Freude, die dem ganzen Volk zuteilwerden soll. Heute ist euch in der Stadt Davids der Retter geboren, nämlich der Messias, der Herr. Und dies soll euch das Zeichen sein: Ihr werdet ein Kind finden, in Windeln gewickelt und in

einer Krippe liegend. Und plötzlich war bei dem Engel eine Menge himmlischer Heerscharen, die Gott lobten und sprachen: Herrlichkeit in den Höhen für Gott und auf der Erde Friede den Menschen seines Wohlgefallens!
Als die Engel von ihnen in den Himmel gegangen waren, sagten die Hirten zueinander: Lasst uns nach Betlehem gehen und sehen, was geschehen ist und was der Herr uns kundgetan hat. Sie kamen eilends hin und fanden Maria und Josef und das Kind, das in der Krippe lag. Als sie es sahen, berichteten sie von dem Wort, das ihnen über dieses Kind gesagt worden war. Und alle, die es hörten, wunderten sich über das, was ihnen von den Hirten erzählt wurde. Maria aber bewahrte alle diese Worte und erwog sie in ihrem Herzen. Die Hirten kehrten zurück, priesen und lobten Gott für alles, was sie gehört und gesehen hatten, so wie es ihnen gesagt worden war.
(Lk 2,1–20)

Die Geburt Jesu ist uns so überliefert. Bibeltheologisch unumstritten ist, dass der Kern der Botschaft heißt: »Heute ist euch in der Stadt Davids der Retter geboren, nämlich der Messias, der Herr« (Lk 2,11).

Dies besingen wir auch in dem weltberühmten Lied »Stille Nacht«: »Christ, der Retter, ist da!«

Jesus wird in der Futterkrippe einer Höhle geboren als einer der Ärmsten der Armen. Er ist bedroht, weil König Herodes in Jerusalem seine Macht durch dieses Kind in der Krippe gefährdet sieht. Die Geburtshöhle ist aber nur der Anfang.

Die eigentliche Botschaft, die später dann erst zur Feier des Weihnachtsfestes geführt hat, ist die Erfahrung der Jünger an Ostern, dass der am Kreuz gestorbene Jesus von

Nazaret von Gott auferweckt worden ist. Wenn es Ostern nicht gegeben hätte, würden wir Weihnachten gar nicht feiern. Die Geburtshöhle und die Grabeshöhle stehen in einem geheimnisvollen Zusammenhang.

Das hat mit uns zu tun

Die Weihnachtsbräuche haben ihre Mitte und ihre tiefen Wurzeln in dem Geschenk, das Gott selbst uns macht. Er schenkt uns Jesus von Nazaret, der aus der Welt Gottes hineinreicht in unsere Welt, der durch sein Leben, durch sein Sterben und durch seine Auferweckung zum Erlöser der Welt wird. Gott selbst kommt auf uns in unseren Familien zu und schenkt uns in Jesus Christus seine Nähe und Geborgenheit.

Weih-Nachten ist die von Gott geweihte Nacht. Wir feiern in dieser Nacht, dass das Unheil und die Dunkelheit unserer Welt in ihre Grenzen verwiesen werden. Die Rettung der Welt und die Rettung Ihres eigenen Lebens und das Ihrer Kinder leuchtet auf in der Mitte der Nacht, in der Dunkelheit auch Ihres Lebens.

Im Geheimnis der Heiligen Nacht wird unserem Leben der Reichtum an Sinn zugesprochen: Gott ist auf eurer Seite!

So ist es nicht erstaunlich, dass die gesellschaftlichen Ordnungen auf den Kopf gestellt werden: Gottes Licht zeigt sich nicht zuerst den Frommen in Jerusalem, sondern den Hirten auf den Feldern von Betlehem, die in der damaligen religiösen Welt nur Randfiguren waren.

Wenn wir den Heiligen Abend in unseren Familien feiern, können wir der Verheißung Gottes trauen, dass es mit unserem Leben gut gehen wird trotz Krankheit und Konflikt, trotz Not und Tod.

Das sollen Kinder verstehen

Weihnachten ist der Geburtstag Jesu. An diesem Fest feiern wir seine Geburt und seine Bedeutung als Retter der Welt. Hinter dem Weihnachtsrummel das Geheimnis zu verstehen, dass sich in dem Kind in der Krippe Himmel und Erde berühren, dass in ihm sich der Himmel für uns Menschen öffnet und sich ein Weg, jetzt und über den Tod hinaus in den Himmel hinein zeigt, das ist die Botschaft und Herausforderung.

Nur im Lukasevangelium wird die Geburt in Betlehem so genau beschrieben, bei den anderen drei Evangelien nicht. Schon in der Bibel wird dieses Geheimnis verschieden ausgedrückt. Es geht aber um die geheimnisvolle Wahrheit, die in ganz unterschiedlichen Sprachen und Bildern zum Ausdruck kommt.

Kinder können verstehen, dass Weihnachten auch eine Herausforderung ist, sich für Menschen einzusetzen, denen es nicht gut geht. Kinder sind sehr sensibel für das Kind, das ganz arm in einer Krippe geboren werden muss, und können von daher gut verstehen, wenn Solidarität mit anderen Kindern heute gefordert ist, die arm sind und leiden. Die Gestaltung des Heiligen Abends in der Familie ist deswegen auch eine große Chance, den Weihnachtsrummel hinter sich zu lassen und sich gemeinsam der geheimnisvollen Berührung in der Heiligen Nacht zu stellen. Mit Geschichten, Liedern und der Weihnachtsgeschichte aus dem 2. Kapitel des Lukasevangeliums kann eine kurze Weihnachtsfeier religiös gestaltet werden.

Das in der Krippe liegende Kind hat nichts mit pompösen Fernsehshows oder romantischen Winterstimmungen zu tun. Gott macht Karriere nach unten: hinein in die unscheinbare Situation in einem Stall, weitab von Glanz und Glitzer, Reichtum und Macht.

All das, was in Ihrer Familie als schweres Paket mit ins Leben gegeben ist, können Sie an der Krippe ablegen. Später wird dieser Jesus zu den Menschen sagen:

> *Kommt alle zu mir; ich will euch die Last abnehmen. Stellt euch unter meine Leitung und lernt bei mir, dann findet euer Leben Erfüllung.*
> *(nach Mt 11,28–29)*

Das können wir miteinander tun

In vielen Familien heißt es: »Das Christkind hat die Geschenke gebracht!« Mitte des 16. Jahrhunderts löste das Christkind vor allem in evangelischen Gebieten den Nikolaus als Gabenbringer ab. Dies wurde später auch von katholischen Familien übernommen. Es entwickelten sich ähnlich wie beim Nikolaus Adventsfeiern mit dem Christkind als »Heiliger Christ«. Dahinter stand der Gedanke, die Freude, die wir über Jesu Geburt empfinden, weiterzugeben.

Die Geschenke zu Weihnachten, die wir uns gegenseitig liebevoll übergeben, können sehr wohl mit dem Geheimnis dieser Nacht zu tun haben. Auch wenn Ihnen der alljährliche Weihnachtsrummel oft erschwert, zwischen dem Geschenk Gottes an uns Menschen – nämlich Jesus Christus – und den Geschenken, die wir einander machen, einen inneren Zusammenhang zu entdecken: Hilflos ausgeliefert sind wir der Glitzerwelt der Einkaufsstraßen jedenfalls nicht. Wir können in der Familie eine Gegenbewegung entwickeln und gemeinsam den eigentlichen Sinn suchen und feiern.

Sie entscheiden selbst, ob Sie mit Ihrer Familie auf der Ebene von Schokoladen-Weihnachtsmännern, Glühwein und kitschigen Liedern Weihnachten feiern oder ob Sie in der Familie Antennen entwickeln wollen, um in diesem Fest die Beziehung mit Gott zu entdecken und zu feiern. Und zwar so, dass aus diesem Fest Heilkraft für Ihr gemeinsames Leben entsteht, nicht nur in der Weih-Nacht, sondern in den vielen geweihten Alltagen im kommenden Jahr.

In der Vorbereitung auf dieses Fest ist es wichtig, eher weniger zu tun als zu viel. Wenn Feiertags-Stress entsteht, entzünden sich unnötige Konflikte, Enttäuschungen oder Einsamkeit. In der Familie ist es hilfreich, das Fest gemeinsam in Ruhe und Gelassenheit vorzubereiten, möglichst alle zu beteiligen und die Kinder auch schon in die Verantwortung für die Vorbereitung und Gestaltung einzubeziehen. Dieses Fest nicht emotional zu überfordern und nicht alle unerfüllten Wünsche und Sehnsüchte eines ganzen Jahres in die Feier dieser Stunden und Tage hineinzupressen entspannt den Erwartungsdruck.

Ein konkreter Vorschlag zur Feier des Heiligen Abends

Die Familie kann sich um die Krippe versammeln und die Frohe Botschaft dieser Nacht (Lk 2,1–20) – die Erzählung über die Geburt Jesu – lesen. Sie können gemeinsam mit Ihren Kindern zum Kind in der Krippe beten – für Ihre Freunde, die Oma und den Opa, für die Kinder in den Krankenhäusern und Elendsvierteln dieser Erde. Vielleicht darf eines der Kinder zuvor die Jesusfigur in die Krippe legen und die Kerze davor entzünden.

Gemeinsam schweigend in das Licht schauen und dann zusammen die Kerzen des Weihnachtsbaumes anzünden ist eine Erfahrung, die Ihnen und Ihren Kindern unvergesslich bleiben wird.

Einige Weihnachtslieder können eine solche kurze Weihnachtsliturgie in der Familie abschließen. Danach erst gibt es die Geschenke und anschließend das gemeinsame Essen.

Weihnachten so in der Familie zu feiern, ist weitab von Kitsch. Gefühle dürfen in der Heiligen Nacht sehr wohl aufkommen. Was wäre dieses Fest ohne Emotionen? Sie sind aber eingebettet in ehrliche Gebete, solidarische Fürbitten und nicht zuletzt in den Bibeltext über die Heilige Nacht aus dem Lukasevangelium.

Wenn der Tannenbaum, die Krippe, die Geschenke, das gemeinsame Essen Ausdruck dieses inneren Kerns des Evangeliums sind, dann ist die Feier der Heiligen Nacht auch ein inhaltlicher Höhepunkt im gesamten Familienleben.

Schlussimpuls für Eltern

Ehre sei Gott in der Höhe,
der heruntergekommen ist
bis in meine Tiefe.
(Elmar Gruber)

Vom Verabschieden des alten Jahres

ULRIKE MAYER-KLAUS

Warum heißt der letzte Tag im Jahr »Silvester«? Wann gibt es ein Feuerwerk? Manche Erwachsene wünschen sich einen »guten Rutsch«. Das ist doch kein guter Wunsch, oder!? Warum läuten um Mitternacht die Glocken?

Das wissen wir dazu

Mit der letzten Nacht des Jahres verband man ursprünglich wenig christliches Brauchtum. Erst später – als die Kirche den 1. Januar als Beginn des neuen bürgerlichen Jahres anerkannte – wurde auch dem Jahresabschluss Bedeutung zugemessen.

Der letzte Tag im Jahr ist benannt nach dem heiligen Silvester. Er war Papst von 314–335 n. Chr. Im Jahr zuvor war das Christentum im Römischen Reich den anderen Religionen gleichgestellt worden, es wurde zur Staatsreligion. In der Amtszeit dieses Papstes konnte es sich nach einer schweren Zeit der Verfolgung in Freiheit entfalten.

Jedes Silvester kann uns von daher immer wieder erinnern, wie wichtig es ist, den Frieden und die Freiheit in allen Phasen und Übergängen neu zu betonen.

Der Silvestergruß »Guten Rutsch« leitet sich möglicherweise aus einer jüdischen Redewendung ab. »Rosch ha-Schana« bedeutet so viel wie »Neujahr« (Rosch = Anfang, Haupt; ha-Schana = Jahr). Der Brauch, den Übergang vom alten zum neuen Jahr mit Feuerwerk und Böllern zu begehen, geht auf die Zeit der Germanen zurück. Durch Lärmen und Räuchern sollten Dämonen und böse Wintergeister vertrieben werden, die man in den Raunächten besonders am Werk sah. Dahinter steckte wohl folgende Vorstellung: Durch Erzeugen von bestialischem Lärm lassen sich die Geister vertreiben. Heute ist das Feuerwerk Ausdruck der Vorfreude auf das neue Jahr.

Es gibt auch kritische Stimmen, die im Brauch des Böllerns ein Flüchten aus der Dunkelheit sehen. Man wolle der Nacht, die an das Ende erinnert und eventuell mit existenziellen Fragen konfrontiert, entfliehen.

Dennoch ist es für viele Menschen bedeutsam, an Silvester Rückblick zu halten und die Gelegenheit zu nutzen, für sich und das eigene Leben Bilanz zu ziehen.

Daneben ist für manche wichtig, sich an Silvester mit anderen zu treffen, gemeinsam zu spielen, zu essen und zu feiern. Vielleicht steckt dahinter unbewusst das Bedürfnis, im Blick auf Ende und Abschiednehmen nicht allein zu sein, sondern sich im Zusammensein mit anderen begleitet und getragen zu wissen.

Ja, die Unsicherheiten des Lebens, die sich im Bewusstsein der Menschen im Jahreswechsel in besonderer Weise manifestieren, erwecken die Sehnsucht, das eigene Leben – mit allen Facetten – in Gottes Hände zu legen, seinen Schutz und Segen zu erbitten. Im Jahresschlussgottesdienst findet ein Jahresrückblick in Rückbindung an Gott statt – sowohl in der Haltung des Dankens als auch im Klagen, Hoffen und Bitten für das Kommende.

Diese Dimension unterstreichen auch die Glocken, die um Mitternacht das neue Jahr einläuten. Sie möchten in uns wieder neu das Vertrauen und die Hoffnung wecken: Gott geht in allem Neuen unsere Wege mit.

Das hat mit uns zu tun

Silvester ist für viele Familien mit jüngeren Kindern nach den Tagen der Weihnacht die zweite Gelegenheit, als Familienverbund nochmals dichter zusammenzurücken. Es bietet die Chance, gemeinsam auf Vergangenes zurückzublicken und miteinander auf Kommendes zuzugehen.

Kinder erleben Übergänge wie den Jahreswechsel mit Neugier und Offenheit und fiebern einzelnen bekannten Ereignissen, wie z. B. der Einschulung, entgegen. Ein neues Jahr bedeutet für Kinder: Ich werde älter, größer, ich kann immer mehr.

Eltern dagegen begleitet in solchen Übergängen nicht selten zu aller Hoffnung die Sorge, ob alles gut gehen wird.

Neben Weihnachten ist auch Silvester eine sensible Zeit im Jahr, in der wir uns besonders unserer Vergänglichkeit und Endlichkeit bewusst werden. »Schon wieder ist ein Jahr vergangen!« »Jetzt sind wir wieder ein Stück älter!« »Wie doch die Zeit vergeht!« »Hoffentlich gehen wir einem guten und heilvollen Jahr entgegen!«

Das Spüren von Ohnmacht und die Sehnsucht angesichts dessen, was wir erleben, was uns widerfährt, was wir nicht machen können in der Zeit, verbindet uns in den Wünschen, die wir einander in der Silvesternacht und an Neujahr zusprechen – und zwar in allen Altersstufen, von den Kindern bis zu den Ältesten.

Das sollen Kinder verstehen

Leben ist nicht Zufall. Leben ist Geschenk. Der Jahreswechsel ist eine Möglichkeit, das Leben, seine Entwicklung, die Geschehnisse – ob sie frohmachend oder traurig sind – bewusst in den Blick zu nehmen, für Vergangenes zu danken oder sich gegebenenfalls damit zu versöhnen und für Kommendes zu hoffen und Heil zu erbitten. Dies gilt für Kinder wie für Erwachsene gleichermaßen. Alle sind wir angewiesen auf Gottes Schutz und Segen.

Die Bräuche des Silvesterabends verbinden uns mit Menschen und Kulturen einer früheren Zeit. Sie zeigen uns, dass sich die Menschen damals wie heute nach Frieden, Freiheit und innerem Heil gesehnt haben und sehnen.

Das können wir miteinander tun

Für ein gemeinsames Besinnen wird gebraucht: eine große Baumscheibe, kleine Baumscheiben (für jedes Familienmitglied), braune oder beige Wolle, eine Kerze, eine Schale mit Glassteinen oder Murmeln und Steine aus der Natur.
Die Familie versammelt sich in einem Stuhlkreis. Die Mitte ist zunächst leer, füllt sich aber durch das Ablegen entsprechender Symbole.

Lied: Alles vergeht, Neues entsteht

(Text / Musik: © Ulrike Mayer-Klaus)

Ein/e Erwachsene/r spricht:

Schön, dass wir jetzt beieinander sind. Ein Jahr geht zu Ende. Wir feiern heute Silvester.

Der letzte Tag im Jahr ist benannt nach dem Papst Silvester. Nach einer Zeit, in der die Kirche unterdrückt und unfrei war, konnten die Christen während seines Pontifikats in Frieden und Freiheit leben. Wenn der letzte Tag im Jahr nun »Silvester« heißt, dann passt gut dazu, dass wir uns in diesen Tagen auch Frieden und Freiheit wünschen.

Eine große Baumscheibe wird in die Mitte gelegt.

Ein Jahr geht zu Ende.
Wir alle sind wieder um ein Jahr gewachsen.
Jede/r ist ein Jahr älter geworden.
Wir wissen unser Alter und können es sagen …

Alle sagen, wie alt sie jetzt sind …
Kinder sind darauf besonders stolz.

Lied: Alles vergeht, Neues entsteht

Betrachten wir nun die Baumscheibe in der Mitte.
Beim Baum können wir das Alter
an den Jahresringen ablesen.

Jede Baumscheibe hat eine Mitte.
Wie alt der Baum auch immer sein wird,
die Mitte bleibt.
Um diese Mitte bilden sich Jahresringe.
An den Jahresringen kann man abzählen,
wie alt der Baum ist.
Sie zeigen aber auch, was für Lebensjahre

der Baum hinter sich hat:
Schmale Ringe weisen auf Jahre, in denen
Wasser und Nahrung knapp waren.
Breite Ringe bildeten sich, als es viel
Nahrung gab.
Und dennoch: Die schmalen Ringe sind
die festen, harten und stabilen, die das Holz
widerstandsfähig machen.
Die breiten Ringe bilden kein so festes Holz.

Die Baumscheibe ist umschlossen mit der Rinde.
Sie schützt den Baum gegen Verletzungen,
Ausbluten und Austrocknen.
Damit der Baum wachsen kann,
muss die Rinde jedes Jahr aufbrechen,
sich weiten und neu werden.
Der Baum erzählt uns
vom Werden und Vergehen.
So auch unser Lied …

Lied: Alles vergeht, Neues entsteht

Wenn wir die Baumscheibe in der Mitte betrachten, dann kommen uns vielleicht Bilder, Gefühle, Ereignisse vom vergangenen Jahr, die wir als Familie miteinander erlebt haben. Wo sind wir miteinander gewachsen?

Alle erzählen, was als Familie miteinander zu erleben schön war, aber auch, was anstrengend war. Dazu können pro Beispiel ein entsprechender Stein aus der Schale genommen und um die Mitte gelegt werden.

Neben dem, was wir als Familie gemeinsam erlebt haben, hat jede/r von uns eigene Dinge gelebt und erfahren.

Dazu bekommt jede/r eine kleine Baumscheibe in die Hand. Alle legen »ihre« Scheibe vor sich auf den Boden und stellen mit Hilfe eines Wollfadens eine Verbindung zur Mitte her, was vor allem auch die Eigenständigkeit innerhalb des Familienverbundes betont.

Jede/r bedenkt nun für sich das vergangene Jahr
im Blick auf das Schöne und das Schwierige.

Dazu gestalten die Einzelnen ihre Baumscheiben entsprechend mit Glassteinen und Steinen.
Danach teilen sich alle einzeln mit, wenn sie es wollen.

Nach jedem Beitrag wird das Lied gesungen: »Alles vergeht, Neues entsteht«.

Anschließend wird eine Kerze entzündet und auf die Mitte der mittleren Baumscheibe gestellt.

Jesus hat seinen Jüngern am Ende seines Lebens gesagt: »Seht, ich bin bei euch alle Tage bis ans Ende der Welt« (Mt 28,20). Diese Zusage gilt auch jedem von uns.

Jemand nimmt die Kerze aus der Mitte und reicht sie jedem Einzelnen für einen Augenblick. Dazu wird jedem das Jesuswort nochmals zugesagt:

»Seht, ich bin bei euch alle Tage!«

Lied: Von guten Mächten wunderbar geborgen

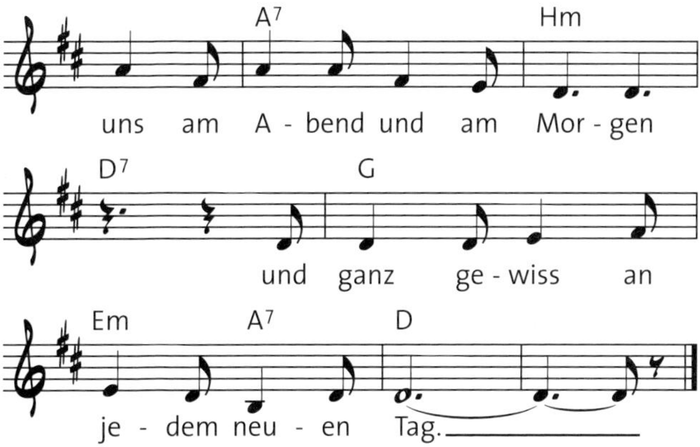

2. Noch will das Alte unsre Herzen quälen,
noch drückt uns böser Tage schwere Last.
Ach, Herr, gib unsern aufgescheuchten Seelen
das Heil, für das du uns bereitet hast.

3. Und reichst du uns den schweren Kelch, den bittern
des Leids, gefüllt bis an den höchsten Rand,
so nehmen wir ihn dankbar ohne Zittern
aus deiner guten und geliebten Hand.

4. Doch willst du uns noch einmal Freude schenken
an dieser Welt und ihrer Sonne Glanz,
dann woll'n wir des Vergangenen gedenken,
und dann gehört dir unser Leben ganz.

5. Lass warm und still die Kerzen heute flammen,
die du in unsre Dunkelheit gebracht,
führ, wenn es sein kann, wieder uns zusammen.
Wir wissen es, dein Licht scheint in der Nacht.

6. Wenn sich die Stille nun tief um uns breitet,
so lass uns hören jenen vollen Klang
der Welt, die unsichtbar sich um uns weitet,
all deiner Kinder hohen Lobgesang.

Schlussimpuls für Eltern

Jahreswende

Wir sollten uns
tief
voreinander verneigen
zu dieser Stunde,
wie Pilger tun,
wenn sie einander
begegnen
und dabei erkennen,
dass fortan
der Weg des Andern
der eigene sei.
Wir
sollten uns segnen
und dann uns
getrost dem Verborgenen
nähern.
(Hans Günter Saul)[4]

Vom Besuch der Heiligen Drei Könige

ALBERT BIESINGER

Hat es die Heiligen Drei Könige wirklich gegeben? Was schreiben die Sternsinger an die Türen der Häuser? Wie konnten die Heiligen Drei Könige wissen, dass Jesus so wichtig ist?

Das wissen wir dazu

Im 2. Kapitel des Matthäusevangeliums kann man lesen, dass Sterndeuter (griech. *mágoi*) vom Osten nach Jerusalem kamen. Sie wollten dem neugeborenen König der Juden huldigen, weil sie seinen Stern am Himmel hatten aufgehen sehen. Von König Herodes wurden sie nach Betlehem geschickt als dem in der Schrift vorhergesagten Geburtsort des Messias (vgl. Mi 5,1–3). Der Stern ging ihnen voraus zum Kind. Sie schenkten ihm Gold, Weihrauch und Myrrhe. Der innerste Kern der Erzählung von den Heiligen Drei Königen will uns sagen, dass alle Völker zu Jesus als dem Messias kommen. Ihre Huldigung an das Kind in der Krippe und die Geschenke, die sie mitbringen, zeigen uns, dass am Ende der Zeit alle Völker zum einen Gott finden werden.

In der Bibel haben die Sterndeuter noch keine Namen. Die bekommen sie später: Caspar, Melchior, Balthasar. Einer der drei hatte eine schwarze Hautfarbe. Der Stern war im Judentum das Zeichen des Königs, ebenso bei den Römern. Im 4. Jahrhundert hatte sich ein eigenes Fest durchgesetzt, an dem die Erscheinungen Gottes in der Welt gefeiert wurden: Geburt Jesu, Huldigung der Magier, Taufe Jesu, Hochzeit zu Kana, Speisung der Fünftausend. Daran kann man ablesen, dass das Fest der Heiligen Drei Könige den tieferen Sinn hat, die Erscheinung Gottes in der Welt zu verkünden, auch für die damaligen Heidenvölker. Die Huldigung der Magier wird zusammen mit dem Lobgesang der Engel und Hirten in Betlehem gesehen. Der Stern im Matthäusevangelium ist Zeichen für Gottes Führung.

Heute gehen Kinder als Drei Könige durch die Straßen. Das Sternsingen ist in den Alpenländern in der Mitte des 16. Jahrhunderts entstanden. Erwerbslose Handwerksburschen, Soldaten, später auch arme Kinder mit einem Bettelsack auf dem Rücken wurden als Könige mit drehbarem Stern kenntlich gemacht.

In den letzten Jahrzehnten hat sich der Inhalt dieses eindrucksvollen Brauches gewandelt. Hunderttausende von Kindern werden jährlich nach Weihnachten als Sternsinger offiziell von den Gemeinden ausgesandt. Sie tragen die Botschaft vom Kind in der Krippe in die Häuser und erbitten Spenden für die Eine Welt: Sie singen Lieder, sagen Gedichte und Gebete auf und bitten um eine Solidaritätsspende für Kinder, die in armen Ländern von der Sternsingeraktion des Kindermissionswerks in Aachen unterstützt werden. Am Ende des Spiels schreiben die Sternsinger an die Türen den Segen Gottes: »Christus Mansionem Benedicat« – »Christus segne dieses Haus«. C+M+B meint nicht **C**aspar – **M**elchior – **B**althasar, sondern ist die Abkürzung dieses Segens.

Es ist für viele Menschen in ihren Häusern ein eindrucksvolles religiöses Ritual, das Kinder mit ihnen gestalten. Die Kinder segnen selbst die Häuser – auch daran ist abzulesen, wie wichtig die Kinder als Glaubensboten sind.

Ganz frühe Darstellungen der Heiligen Drei Könige zeigen sie, die manchmal auch mit Kamelen unterwegs sind, in persischer Tracht. Es gibt auch Darstellungen, in denen ihnen ein Engel den Weg zeigt und nicht ein Stern.

Erst später werden sie mit Stirnreif und Kronen als Könige gekennzeichnet. Ab dem 14. Jahrhundert legt der älteste, meist vor der Krippe kniende König seine Krone ab und betont damit die Anbetung des Kindes als Gottessohn.

Das hat mit uns zu tun

Wir selbst sind in einer ähnlichen Situation wie die Heiligen Drei Könige. Wir suchen den Erlöser der Welt. Wir sind angewiesen auf Zeichen. Für uns sind es nicht die Sterne, wir sind keine Sterndeuter. Wir haben Glaubenszeugen um uns herum, die uns auf dem Weg zur Krippe begleiten. Wir können bereits selbst für andere Menschen Glaubenszeugen sein.

Die Sternsinger nehmen Anteil an diesem »heiligen Spiel«, Menschen in ihren Wohnungen zu besuchen und die Menschen anzuregen, das Kind in der Krippe neu zu entdecken.

Ob die Heiligen Drei Könige mit uns zu tun haben, hängt auch von uns selbst ab. Wir sind herausgefordert, die Botschaft von der Erlösung durch dieses Kind in der Krippe in alle Welt zu tragen. Dies ist eine große Vision für unser Leben.

Das sollen Kinder verstehen

Die Heiligen Drei Könige bringen über die erzählte Geschichte hinaus die für uns tiefe Wahrheit, sich von kleinen Hinweisen im Alltag leiten zu lassen, eine Spur zu Gott zu entdecken. Die Heiligen Drei Könige sind wie »Spurensucher«. Eine solche Suche in unserem Leben kann uns reich und glücklich machen, weil wir uns dann immer geborgen fühlen können in der Beziehung mit Jesus Christus.

Das können wir miteinander tun

Eine sehr gute Gelegenheit der »Spurensuche« ist es, wenn Eltern ihre Kinder bei den Sternsingern mitmachen lassen.

Eine andere Möglichkeit ist es, die Suche der Heiligen Drei Könige zu unserer eigenen zu machen.

Vorbereitung: ein Stern, Fußspuren aus Papier, Stifte.
Alle sitzen im Kreis. Ein Stern liegt in der Mitte.

Wir feiern heute das Fest der Heiligen Drei Könige.

In der Bibel hören wir von Sterndeutern, die sich auf den Weg machten, um das göttliche Kind zu suchen.

Auch wir sehnen uns nach der Nähe Gottes, nach seinem Schutz und seiner Hilfe.

Jeder Einzelne darf sagen, was er/sie sich von Gottes Nähe erhofft und wünscht, z. B.

… dass er mir beisteht, wenn ich Angst habe,
… dass ich Mut bekomme, für das Gute einzutreten,
… dass ich vor Gefahren beschützt bin …

Wer etwas sagt, nimmt den Stern zur Hand und legt ihn anschließend wieder zurück auf den Platz in die Mitte.

Wir hören nun die Geschichte von den Sterndeutern aus der Bibel:

> *Als nun Jesus geboren war, zu Betlehem im Land Juda in den Tagen des Königs Herodes, da kamen Magier aus dem Osten nach Jerusalem und fragten: Wo ist der neugeborene König der Juden? Wir haben seinen Stern aufgehen sehen und sind gekommen, ihm zu huldigen. Als König Herodes*

das hörte, erschrak er und ganz Jerusalem mit ihm. Er ließ alle Hohenpriester und Schriftgelehrten des Volkes zusammenkommen und forschte sie aus, wo der Messias geboren werden solle. Sie antworteten ihm: In Betlehem in Judäa. Denn so steht beim Propheten geschrieben:
Du, Betlehem im Land Juda, bist keineswegs die geringste unter den führenden Städten Judas; denn aus dir wird ein Herrscher hervorgehen, der mein Volk Israel weiden wird.
Da rief Herodes die Magier heimlich zu sich und horchte sie aus, wann ihnen der Stern erschienen war. Dann schickte er sie nach Betlehem und sagte: Geht und forscht sorgfältig nach dem Kind; und sobald ihr es gefunden habt, lasst es mich wissen, damit auch ich komme und ihm huldige. Nachdem sie den König angehört hatten, brachen sie auf. Und der Stern, den sie hatten aufgehen sehen, zog vor ihnen her, bis er ankam und über dem Ort stehen blieb, wo das Kind war. Als sie den Stern erblickten, hatten sie eine überaus große Freude. Sie traten in das Haus ein und sahen das Kind mit Maria, seiner Mutter, fielen nieder und huldigten ihm. Dann öffneten sie ihre Schätze und brachten ihm Geschenke dar, Gold, Weihrauch und Myrrhe.
Und da sie im Traum die Weisung empfingen, nicht zu Herodes zurückzukehren, zogen sie auf einem anderen Weg heim in ihr Land.
(Mt 2,1–12)

Anschließend werden auf Fußspuren Beispiele notiert, was uns helfen kann, einen Weg bzw. eine Spur zu Gott zu finden. Diese können dann in Richtung Stern gelegt werden. Zum Beispiel:

Jemanden einbeziehen, wenn man spürt, dass andere ihn ausschließen.
Immer die Wahrheit sagen.

Im Spiel gerecht und fair sein.
Jedes Jahr sind viele Kinder als Sternsinger unterwegs. Sie gehen von Haus zu Haus. Sie erzählen von Gottes Liebe und helfen, dass sich diese Liebe unter uns Menschen ausbreitet. Sie sammeln Geld für die Menschen in Not. Auch wir sind eingeladen, mitzusorgen, dass das Leid in der Welt weniger wird.

Schlussimpuls für Eltern

Ritual der Sternsinger

Sternträger
In dunkler Nacht ist uns erschienen
ein Stern, der uns nicht ruhen ließ.
Wir folgten ihm auf seinen Wegen,
zu sagen, was er uns verhieß.
Kaspar
Gottes Sohn ist uns geboren,
freudig rufen wir es aus.
Frieden wünschen wir den Menschen,
Gottes Segen jedem Haus.
Melchior
Hütten, Zelte, Keller, Straßen,
Kinder nennen dies ihr Heim.
Ihre Welt soll heller werden,
dazu laden wir euch ein.
Balthasar
Eure Gaben, die wir sammeln,
helfen Kindern Zukunft geben.
Und was wir zusammentragen,
bringe Freude in ihr Leben.
Sternträger
Gottes Segen euch geleite,

durch dies neue Jahr euch führ.
Christus mansionem benedicat
schreiben wir an diese Tür.
(Klaus Szudra)[5]

Vom Schutzpatron der Liebenden (Valentinstag)

HEIKE HELMCHEN-MENKE

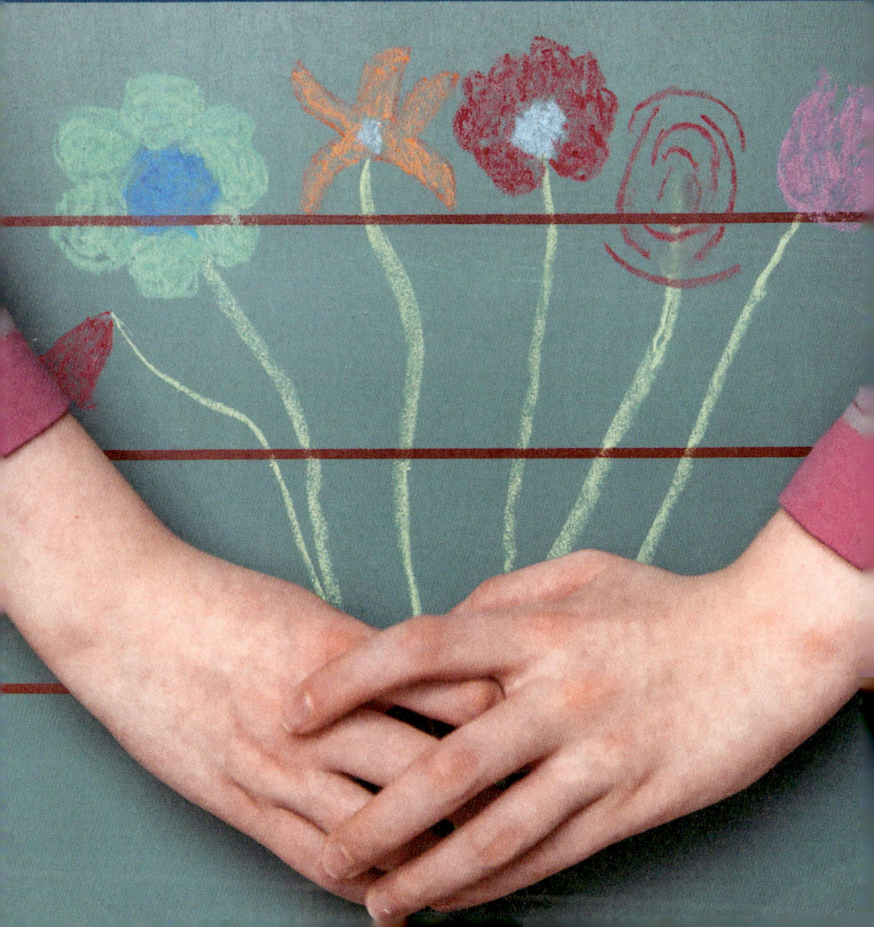

Warum hängt in den Schaufenstern der Blumenläden Valentinstagwerbung? Wer ist eigentlich Valentin? Warum schenken sich Verliebte an dem Tag Rosen? Wieso basteln wir Herzen und verschenken sie?

Das wissen wir dazu

Der Valentinstag am 14. Februar ist der Gedenktag des heiligen Valentin. Er war im 3. Jahrhundert Bischof in der italienischen Stadt Terni. Etwa im Jahr 269 erlitt er den Märtyrertod wegen seines christlichen Glaubens. Beerdigt wurde er in der Nähe von Terni. Über seinem Grab wurde im 8. Jahrhundert eine Kirche errichtet. Er ist der Schutzheilige der Kranken, besonders von kranken Kindern, und er ist der Patron der Liebenden. Er hatte viele junge Paare getraut, damit die Männer nicht als Soldaten in den Krieg mussten. Schon ab dem 5. Jahrhundert wurde er für eine gute Heirat als Heiliger angerufen. Wahrscheinlich gab es immer wieder Verwechslungen mit anderen Valentins (Bischof Valentin von Rätien oder Valentin von Rom). Jedenfalls sind um diese Heiligen Legenden entstanden, die dazu beigetragen haben, dass sich für den Valentinstag ein besonderes Brauchtum herausgebildet hat: In England z. B. schickt man sich an diesem Tag anonyme Liebesbriefe. In einigen Ländern gab es ab dem 14. Jahrhundert den Brauch, am 14. Februar einen Valentin und eine Valentine zu bestimmen. In Deutschland schenkt man sich bis zum heutigen Tag Blumen und Herzen (gebastelte oder aus Schokolade), um sich die gegenseitige Liebe und Zuneigung zu zeigen.

Das hat mit uns zu tun

Wir sollten den Valentinstag nicht dem Einzelhandel überlassen, der möglichst viele Blumen, Karten und Schokoladenherzen verkaufen will. Mit Kindern zusammen können wir diesen Tag wieder von seinem christlichen Ursprung her verstehen und ihn dafür nutzen, uns gegenseitig unsere Zuneigung und Liebe zu zeigen und uns einander die Liebe Gottes zuzusagen.

Das sollen Kinder verstehen

Der heilige Valentin ist der Schutzpatron kranker Kinder und der Verliebten. Damit ist er natürlich für Kinder interessant. Das Brauchtum (Blumen verschenken, Karten schreiben, Herzen verschenken) begegnet den Heranwachsenden rund um den Valentinstag und ist ihnen sehr präsent. In einigen Schulen schicken sich schon Grundschulkinder Valentinskarten, und ältere Schüler schenken sich gegenseitig Rosen. Kinder sollten den christlichen Ursprung des Valentinstags kennen und das Brauchtum von daher verstehen. Dann bewahren verschenkte Blumen, gemalte Herzen, liebevolle Karten und versteckte Schokoladenherzen jenseits des Kommerzes ihre tiefere Dimension als Ausdruck der Liebe.

Das können wir miteinander tun

Um den Valentinstag herum können wir den Kindern die Valentinslegenden erzählen. Wir dürfen sagen, dass Bischof Valentin von Terni tatsächlich gelebt hat. Ob all die Erzählungen tatsächlich diesem einen Mann im historischen Sinn zugeschrieben werden können, ist in diesem Zusammenhang nicht von Bedeutung. Vielmehr ist wichtig, was in den Legenden für die Christen so bedeutend war, dass die Kirche Valentin heiliggesprochen hat, warum er verehrt wurde und in welcher Weise er ein Vorbild für uns Menschen heute ist.

Valentinslegende

Der Legende nach hat der heilige Valentin vor allem kranken Kindern und Liebenden Schutz und Geborgenheit gegeben. Und das kam so: Valentin hat vor mehr als 1700 Jahren gelebt. Es gab schon viele Christen. Aber die Christen wurden verfolgt. Denn zu der Zeit, in der Valentin gelebt hat, waren die Römer die Herrscher. Sie waren eine Weltmacht. Die Römer aber hatten eigene Götter und Götterbilder aus Stein, die sie verehrten. Die Römer haben damals überall Christen verfolgt. Denn der Glaube an den einen Gott, wie die Christen ihn haben, passte nicht zum Glauben der Römer an die vielen Götter. Andere Götter zu verehren als die römischen schwächte das Römische Reich und den Kaiser, dachten sie.

Die Hauptstadt des römischen Weltreiches war Rom. Dort lebte auch Kaiser Claudius. Valentin lebte in einer anderen Stadt Italiens, in Terni. Der Name Valentin bedeutet »der Starke«. Und stark war Valentin wirklich. Er war Priester und ein kluger Mann. Er kümmerte sich um die Armen und die Kranken in seiner Stadt, und er sorgte für Gerechtigkeit. Und weil die Menschen das zu schätzen wussten, machten sie ihn zum Bischof. Von Valentin wird erzählt, dass er ein besonderes Herz für die Liebenden hatte. Man sagt, wenn ein junger Mann und eine junge Frau sich liebten, dass er sie dann christlich verheiratet hat. Das war anders als bei den Römern. Dort wurden die jungen Männer erst spät verheiratet. Und das hatte einen Grund: Sie sollten erst als Soldaten für den Kaiser arbeiten, um das Römische Reich zu vergrößern und zu verteidigen. Die Männer, die verheiratet waren, sind meist nicht mehr für den Kaiser in den Krieg gezogen.

Als der Kaiser davon hörte, dass Bischof Valentin so viele junge Männer und Frauen verheiratete, wurde er sehr wütend. Er ließ Valentin nach Rom kommen. Er sagte zu ihm: »Valentin, es gefällt mir nicht, dass du die jungen Männer verheiratest. Ich brauche Soldaten für mein Reich. Aber ich habe gehört, dass du ein kluger Mann bist. Einen Mann wie dich kann ich als Berater gut gebrauchen. Du musst nur von dem Gott der Christen lassen und dich wieder zu den römischen Göttern bekennen.« Valentin aber antwortete: »Das kannst du nur verlangen, weil du die Herrlichkeit Gottes noch nicht gesehen hast!« Als Valentin sagte, dass die römischen Götterbilder nichts als Steinbilder seien, wurde der Kaiser sehr wütend. »Dir ist nicht zu helfen, nun musst du vor den Richter.«

Also kam Valentin vor ein Gericht zum Richter Asterius. Vor dem Richter wiederholte er, was er schon zum Kaiser gesagt hatte: »Gott ist das Licht der Welt. Seine Liebe ist stärker als alles andere.« Da antwortete der Richter: »Valentin, ich habe eine Tochter, die blind ist. Du sagst, dass dein Gott, der Gott der Christen, das Licht der Welt ist. Ich sage dir, wenn meine blinde Tochter das Licht sehen kann, dann will auch ich an deinen Gott glauben.« Und daraufhin betete Valentin: »Guter Gott, du bist das Licht, schenke auch diesem Mädchen das Licht.« Und es wird erzählt, dass das Kind sehen konnte. Alle freuten sich, und auch der Richter glaubte nun an den christlichen Gott. Er ließ sich taufen, und mit ihm seine ganze Familie.

Als der Kaiser hörte, dass sein Richter Christ geworden war, wurde er wütend und bekam auch Angst, dass er an Macht verlieren würde. Weil er Angst hatte, dass Valentin ihm noch mehr schaden könnte, ließ er ihn töten. Schon kurz nach seinem Tod wurde Valentin heiliggesprochen. So wurde er der heilige Valentin. Die Menschen dachten an ihn, wenn jemand krank wurde, ganz besonders, wenn es ein Kind war. Und so wurde Valentin der Schutzpatron der Kranken und natürlich auch der Liebenden, die er davor bewahrt hatte, dass die Männer in den Krieg ziehen mussten.

Und so verschenken bis zum heutigen Tage Liebende am Tag des heiligen Valentin als Zeichen ihrer Zuneigung und Liebe Blumen und Herzen, und sie schicken sich Briefe und Karten.

Schlussimpuls für Eltern

Lieber Valentin!
Deine Mitchristen haben dich nicht vergessen. Deine Verehrung verbreitete sich schnell über ganz Europa. Man hat dich – wegen des blinden Mädchens – gemeinsam mit behinderten Menschen dargestellt und zum Patron der Epileptiker, der »Fallsüchtigen«, gemacht. Begründung: Du seiest nie umgefallen, sondern habest standhaft an deinem Glauben festgehalten. Das ist vielleicht gar nicht so weit hergeholt. Einen Schutzpatron für Rückgrat und Charakter können wir schwachen Menschen allemal brauchen. Schenk uns vom Himmel her eine Portion deiner Courage!
(Christian Feldmann)[6]

Von den Festen in der Fasten- und Osterzeit

Vom Fasten, das 40 Tage dauert

ULRIKE MAYER-KLAUS

Was ist fasten? Warum sollen wir vor Ostern fasten? Stimmt das nicht eher traurig? Welchen Sinn hat es, dass manche weniger essen? Verlangt Jesus von uns, dass wir fasten? Wie werden die 40 Tage der Fastenzeit gezählt? Warum dauert die Fastenzeit so lange?

Das wissen wir dazu

Ostern, dem Fest der Auferstehung Jesu, ist wie Weihnachten eine besondere Vorbereitungszeit vorangestellt – die Fastenzeit. Fasten ist ein uraltes, in allen Weltreligionen bekanntes und angewandtes Mittel, um sich selbst und das, was einem wichtig ist, wieder mehr zu spüren. Manche erhoffen sich durch Fasten innerliche Impulse für eine Neuorientierung und Neugestaltung des eigenen Lebens und des konkreten Alltags.

Dieser tiefe religiöse Sinn ist heute vielfach verloren gegangen und wird erst auf dem Umweg von Medizin und Psychologie wieder entdeckt. Viele nutzen die Fastenzeit für Schlankheitskuren, indem sie weniger essen, auf Alkohol oder Süßigkeiten verzichten. Verzichten im Sinne der kirchlichen Fastenzeit ist eher unpopulär – auch bei Christen.

Von der Geschichte her kennt die Kirche seit dem 2. Jahrhundert ein zweitägiges Fasten vor dem Osterfest. Ab dem 3. Jahrhundert wurde dies auf die Karwoche ausgedehnt. Erst seit Ende des 4. Jahrhunderts ist eine 40-tägige Fastenzeit bezeugt. Die Zahl 40 hat in der jüdisch-christlichen Tradition einen hohen Symbolwert. 40 Tage fastete Jesus in der Wüste nach seiner Taufe im Jordan.

40 Jahre dauerte die Wüstenwanderung des Volkes Israel. Auch Mose fastete 40 Tage auf dem Sinai und Elija wanderte 40 Tage lang zum Berg Horeb. Die Zahl 40 steht symbolisch für Zeiten des Übergangs.

So kann die 40-tägige Fastenzeit von Aschermittwoch bis Ostern auch für uns zu einer Zeit des Übergangs werden, in der wir uns bereiten und einstimmen auf das Fest des neuen Lebens. Die Sonntage werden von der Fastenzeit ausgenommen.

Was der Vorbereitungszeit zu Ostern hin im Vergleich zur Adventszeit jedoch fehlt, ist ein ausgeprägtes und selbstverständliches Brauchtum, welches diese Zeit sichtbar macht. Außer dem praktizierten Verzicht begegnet man in der Liturgie lediglich dem Zeichen des Aschenkreuzes am Aschermittwoch oder der Betrachtung der 14 Kreuzwegstationen in entsprechenden Andachten bzw. Gottesdiensten.

In den letzten Jahren gewann die alte Tradition des Hungertuches wieder an Bedeutung. Der Sinn dieses Brauchs lag darin, in der Fastenzeit auch mit den Augen zu fasten. So verdeckte das große Tuch den Blick auf die bildlichen Darstellungen der Heilstaten Gottes im Altarraum.

Das kirchliche Hilfswerk »Misereor« hat den Brauch des Hungertuches aufgenommen und weiterentwickelt: Künstler aus verschiedenen Ländern und Kontinenten laden ein, das Evangelium mit neuen Augen, vor allem mit denen der Benachteiligten, zu sehen. Sie öffnen uns die Augen für Nöte in dieser Zeit und erweitern unseren Horizont im Blick auf eine Aktualisierung der Frohen Botschaft.

Heute wird die Fastenzeit auch »Österliche Bußzeit« genannt. Dieser Begriff verweist auf eine größere Dimension der Fastenzeit und definiert ihren Sinn als Vorbereitungszeit auf Ostern hin.

Das hat mit uns zu tun

Die Fastenzeit als eine geprägte Zeit im Kirchenjahr kann an Bedeutung gewinnen, wenn ihr eigentlicher Sinngehalt von den Einzelnen als Impuls zu neuen Lebensmöglichkeiten bzw. neuer Lebensqualität erkannt wird. Die Einladung zu Fasten und Umkehr will nicht einschränken oder etwas von der Lebensfreude nehmen und abschneiden. Im Gegenteil: Der Verzicht kann uns neu sensibilisieren und die Sinne auf das Wesentliche lenken, das, was wir eigentlich ersehnen. In der Einübung von Umkehr und Neuanfang entdecken oder erspüren wir vielleicht etwas vom neuen Leben, das wir im Fest der Auferstehung Jesu an Ostern feiern.

Jesu Auftrag und Einladung am Beginn der Fastenzeit »Kehrt um und glaubt an das Evangelium!« kann auf die je eigene Lebens- und Alltagswelt hin übersetzt und buchstabiert werden. Nicht die Menge und die großen Vorsätze sind entscheidend, sondern die innere Haltung und Bereitschaft für ein Leben in Liebe und Solidarität, so wie Jesus es (vor)gelebt hat. Was dies für die einzelne Familie bedeutet, muss jeder selbst entscheiden und erproben.

Das sollen Kinder verstehen

Die Fastenzeit lädt uns ein, nach Möglichkeiten zu suchen, die unser Leben froher machen und unser Miteinander besser gelingen lassen. Jesus möchte uns die Hoffnung geben, dass auch aus Enttäuschungen und Brüchen, aus Totgeglaubtem neues Leben wachsen kann. Davon kündet Ostern, das Fest des unbesiegbaren Lebens, auf welches die Fastenzeit hinzielt.

Das können wir miteinander tun

Vorbereitung: zwei braune Tücher, eine breite Blumenschale – gefüllt mit Erde; mehrere Blumenzwiebeln (z. B. Tulpen und Narzissen), eine kleine Gießkanne mit Wasser.
Alle versammeln sich im Kreis; die Mitte ist zunächst leer.
Ein braunes Tuch wird in Form eines Weges in die Mitte gelegt.

Ein/e Erwachsene/r spricht:
Die Fastenzeit ist wie ein Weg,
der uns zum Mitgehen einlädt.
Die Fastenzeit dauert 40 Tage.
Sie beginnt mit dem Aschermittwoch
und endet mit Ostern,
dem Fest der Auferstehung Jesu.
Die Fastenzeit ist eine Vorbereitungszeit auf Ostern. Sie lädt ein, dass wir unser Herz, unser Denken und Tun bereiten für Gott, der uns neues Leben schenken möchte.

Ein zweites braunes Tuch wird als Querbalken über das erste gelegt, sodass ein Kreuz entsteht.

So wie Jesus auf seinem Weg vielen Menschen neues Leben geschenkt hat, so wie er durch sein Kreuz und seinen Tod hindurch neues Leben bei Gott fand, so möchte die Fastenzeit auch uns erinnern, dass wir dem neuen Leben durch Gott immer wieder trauen dürfen.

Wenn Jesus sagt: »Kehrt um und glaubt an mich (das Evangelium)!«, so lädt er uns ein, dass wir uns wieder neu mit ihm und unseren Mitmenschen verbinden. Damit sagt er: Hört nicht auf, an das Gute zu glauben. Pflanzt die Liebe in eure Herzen und ihr werdet das neue Leben, das Gott euch schenken möchte, spüren und sehen.
Die Schale mit Erde wird auf die Mitte des Kreuzes gestellt.

Unsere Familie bewohnt – einzeln und miteinander – ein kleines Stück Erde. Jeder und jedem von uns fallen sicher ein oder zwei Möglichkeiten ein, was uns gut täte, damit uns etwas von der Osterfreude schon jetzt entgegenkommt.

Alle überlegen ein paar realistische Möglichkeiten bzw. Vorsätze, mit denen sie ihre Fastenzeit gestalten möchten. Z .B.:
Verzicht auf Fernsehen an einem Wochentag (dafür miteinander spielen).
Zeiten füreinander reservieren.
Ein gemeinsames Abendgebet 1 x in der Woche.
Eine Osterkerze gemeinsam gestalten.

Für jedes genannte Beispiel wird eine Blumenzwiebel in die Schale mit Erde gesteckt.

Lied: Neue Hoffnung, neues Leben

2. Im Angesicht des Todes
hat er uns seinen Sohn gesandt,
im Angesicht des Todes
hat er sich klar zu uns bekannt.
Neue Hoffnung, neues Leben …

3. Im Angesicht des Schreckens
ist seine Kraft uns Schwachen nah,
im Angesicht des Schreckens
ist sein Reich für uns alle da.
Neue Hoffnung, neues Leben …

(Text: Eckart Bücken / Melodie: Christoph Lehmann,
aus: *Exodus* © tvd-Verlag, Düsseldorf 1979)

Abschließendes Gebet

Gott, wir bitten dich um deinen Segen.
Öffne uns für dich und deine Botschaft
und stärke uns in der Liebe zueinander.
Lass uns in dieser Zeit vor Ostern spüren,
dass du uns nahe sein
und uns zu neuem Leben führen möchtest.

Mit dem Wasser wird die Schale mit Erde begossen.

So wie dieses Wasser in die Erde einsickert,
so durchströme du uns mit deiner Liebe. Amen.

Schlussimpuls für Eltern

Es ist kaum auszudenken, was es für die Menschheit, auch für die Menschen in unserem Land, bedeuten könnte, wenn die Christen die Probleme dieser Zeit mit neuen, offenen Augen anschauten und dann sagten:
Im Namen Gottes: Wir gehen einen anderen, einen neuen Weg.
(Jörg Zink)

Von der Asche, die uns segnet (Aschermittwoch)

ALBERT BIESINGER

Warum bekommen die Menschen am Aschermittwoch ein Kreuz aus Asche auf die Stirn gezeichnet? Bekommen alle die Asche oder nur bestimmte Menschen? Woraus besteht die Asche? Was bedeutet es, wenn dabei gesagt wird: »Bedenke Mensch, dass du Staub bist und wieder zum Staub zurückkehren wirst.« Oder auch »Bekehrt euch und glaubt an das Evangelium«?

Das wissen wir dazu

Der Mittwoch nach den Fasnachtstagen bzw. der Karnevalszeit ist der erste Tag der Fastenzeit. Der Name »Aschermittwoch« verweist auf den Ritus der Aschenbestreuung. Den Menschen, die die Fastenzeit bewusst beginnen wollen, wird im Gottesdienst ein Aschenkreuz auf die Stirn gezeichnet. Dies hat die Bedeutung: Nach den oft ausgelassenen Fasnachtstagen – in verschiedenen Gegenden ist von Fasching, Fasnet, Karneval die Rede – besinnen sich die Christen auf den eigentlichen Sinn ihres Lebens – und zwar vom Ende her gedacht. Interessant ist, dass der Fasching sich im Laufe der Geschichte vor allem in den Gegenden mit katholischen Christen erhalten hat.

Mit Asche segnen?

Wir sind gewohnt, mit Weihwasser zu segnen. Aber mit Asche? Die verbrannten Palmzweige des vergangenen Jahres werden mit Weihwasser gesegnet und die geweihte

Asche wird nun auf die Stirn gezeichnet. Dieses Ritual am Aschermittwoch hat einen ganz tiefgründigen Sinn: Gerade wenn wir Menschen gestorben und wieder zu Staub geworden sind, werden wir umso mehr durch Jesus Christus gesegnet, der selbst für uns durch den Tod hindurchgegangen ist, damit wir bei Gott aufgehoben sein werden. Dieses Ritual verdeutlicht, dass der Tod das Tor zu neuem Leben ist.

Unser Leben hier auf dieser Erde ist wie eine lange Schwangerschaft, die uns vorbereitet und in der wir uns vorbereiten auf das neue, von Gott geschenkte Leben über den Tod hinaus.

Der Segen mit Asche stellt uns nicht nur einseitig das Grauen des Todes und die Auflösung unserer leiblichen Existenz vor Augen, sondern eröffnet uns die Nähe und den Segen Gottes über diese Grenze hinaus. Er ist ein kirchliches Ritual, das aufrüttelt und zugleich tröstet.

Das hat mit uns zu tun

Kinder nehmen das Ritual des Aschenkreuzes im Aschermittwochsgottesdienst in der Regel sehr beeindruckt wahr und haben natürlich ihre Fragen dazu. Manche Erwachsene versuchen, Situationen des Leidens, des Sterbens und des Todes von Kindern fernzuhalten. Dies ist pädagogisch und religionspädagogisch eine Fehlentscheidung. Kinder sind schon längst mit Fragen des Todes beschäftigt. Sie gehen über Friedhöfe, erleben, dass ihr Haustier stirbt, müssen hören, dass im Verwandten- und Freundeskreis Menschen krank oder gestorben sind. Sie fragen: »Was ist, wenn wir sterben?«

Es ist viel wichtiger, sie mit ihren bohrenden, uns oft an den Rand der Denkvorstellung bringenden Fragen nicht alleinzulassen, sondern ihnen im Gespräch nahe zu sein – auch wenn wir selbst schließlich letzte Antworten ja gar nicht haben.

Es kann für Kinder sehr beeindruckend sein, wenn sie sehen, dass auch Vater und Mutter sich mit der Asche segnen lassen. Dies ist gleichzeitig eine Möglichkeit, sich damit auseinanderzusetzen, dass Papa und Mama – letztlich wir alle – auch eines Tages sterben werden.

»Ich sterbe nie und du, Mama, stirbst auch nie. Und wenn du einmal sterben wirst, dann stirbt die Oma und der Opa vor dir. Aber du sollst nie sterben …« Diese Originaltöne von Kindern entsprechen ihrer entwicklungspsychologisch stimmigen Wahrnehmung von Zeit und Zukunft, von Angst und Magie.

Das sollen Kinder verstehen

Kinder gewinnen Trost, wenn sie altersgemäß dieses Ritual des Segens mit der Asche wahrnehmen und sich auf ihre Weise damit auseinandersetzen. Durch das Aschenkreuz und seine Bedeutung wird den Kindern der Tod bewusst gemacht, er wird nicht verschwiegen. Gleichzeitig erfahren sie aber auch, dass Gott sie danach empfangen wird und sie nicht allein sind, dass der Tod nicht das Ende, sondern ein Neuanfang ist. So wird ihnen das Geheimnis des Lebens und Sterbens viel einfacher verständlich, sie bekommen Kraft, »Gott mit neuen Augen zu sehen« und nicht zu verzweifeln.

Das können wir miteinander tun

Die beste Möglichkeit, sich mit dem Aschermittwoch und dem Aschesegen in Berührung zu bringen, ist die Mitfeier des Gottesdienstes, der in fast allen Gemeinden – in der Regel am Abend des Aschermittwochs – gefeiert wird.

Für Kinder ist es besonders interessant, wenn sie gemeinsam in einer Gruppe gehen können. Deswegen eignet sich der Gottesdienstbesuch auch für Kindergruppen. Es ist wichtig, sie so weit wie möglich darauf vorzubereiten und anschließend mit ihnen darüber zu sprechen, welche Erfahrung sie gemacht haben, welche Zweifel oder Bedenken sie haben.

Schlussimpuls für Eltern

Er will das Leben, nicht den Tod

Der Herr segne dich –
der du gebildet wurdest
aus dem Staub der Erde
und gesegnet bist
von Seinem Atem.

Er lasse dich Seine Stimme hören,
wenn du einen Weg gehst,
der dich entfernt
von der Quelle des Lebens.
Er öffne dir die Augen
für die Vergänglichkeit der Welt,
und wenn dein Leib den Weg
alles Irdischen beendet, schenke Er dir
in Seinem Haus den Platz des Unvergänglichen.
Er lindere die Angst vor jenem Tag
und schenke dir die Kraft des Vertrauens –
dem Schmetterling gleich,
der mühelos und ohne Zorn
sich dem Entpuppen stellt.
(Herbert Jung)[7]

Vom Esel, auf dem Jesus reitet (Palmsonntag)

ULRIKE MAYER-KLAUS

Warum reitet Jesus gerade auf einem Esel und nicht auf einem Pferd? Wo ist die Krone, wenn Jesus ein König sein soll? Meinen denn die Menschen, Jesus kommt nochmals in echt, weil sie Palmzweige schmücken? Was sollen die Eier in den Palmbuschen? Warum rufen die Menschen »Hosanna!« und nicht »Hallo!«?

Das wissen wir dazu

Mit dem Palmsonntag beginnt die Karwoche (ahd. *kara* = Klage, Trauer), die Woche vor Ostern. Alle vier Evangelisten berichten vom Einzug Jesu in Jerusalem (Mt 21,1–10; Mk 11,1–11; Lk 19,28–40; Joh 12,12–19). Es wird erzählt, wie Jesus auf dem Weg zur Stadt zwei seiner Jünger vorausschickte, damit sie ihm aus einem nahe gelegenen Dorf einen jungen Esel brachten. Die Jünger folgten dem Auftrag und legten ihre Kleider auf den Rücken des Tieres. So ritt Jesus in die Stadt Jerusalem hinein. Viele begrüßten ihn und breiteten ihre Kleider auf der Straße aus. Andere rissen Zweige von den Bäumen und legten sie auf den Weg. Die Menschen, die mit ihm gingen, riefen: »Hosanna! Gesegnet sei er, der da kommt im Namen des Herrn!«

Im Ruf »Hosanna«, der wörtlich übersetzt »Hilf doch!« heißt, drückt sich die damalige Sehnsucht und Hoffnung der Menschen nach Heilung durch das Kommen des messianischen Reiches aus. Diese hat sich erfüllt im Kommen Jesu, des Friedenskönigs. Dieses Reich war ihnen versprochen worden durch die Propheten. Der Prophet Sacharja beschreibt in Kapitel 9,9 die Erfüllung dieser Verheißung so:

> *Juble laut, Tochter Zion, jauchze, Tochter Jerusalem! Sieh, dein König kommt zu dir, gerecht und als Retter. Demütig ist er und reitet auf einem Esel, auf dem Jungen einer Eselin.*
> *(Sach 9,9)*

Das Bekenntnis zu Jesus als dem erwarteten Messias und Friedenskönig und die Erinnerung an den Jubeleinzug in Jerusalem werden bis heute lebendig gehalten.

Seit dem 4. Jahrhundert begehen Menschen Palmprozessionen und tragen Öl- und Palmzweige in den Händen. Mit Palmzweigen wurden Könige und Sieger verehrt. Ölzweige waren ein Zeichen des Friedens. Sie verweisen auf Jesus, der den Frieden bringen wollte, nicht nur für die Menschen seiner Zeit, sondern auch für die nachkommenden Generationen bis heute und darüber hinaus. Die Botschaft von damals sollte lebendig bleiben. Deshalb wurde bei Palmprozessionen (seit dem 10. Jahrhundert) oft ein Palmesel aus Holz mitgezogen, um sich den Einzug von Jerusalem immer wieder neu vor Augen zu führen.

Da in unserem Land keine Palm- und Ölbäume wachsen, ersetzte man sie durch andere Zweige wie z. B. Weidenkätzchen, Buchs- oder Haselzweige. In verschiedenen Regionen haben die Menschen die Gestaltung von Palmzweigen zu geschmückten Palmbuschen weiterentwickelt: mit Eiern als Zeichen des neuen Lebens oder bunten Bändern und Fähnchen mit verschiedenen Jesus-Symbolen am Palmstrauß.

Vor der Prozession findet eine Segnung der Palmbuschen und -zweige statt. Danach werden sie feierlich in die Kirche getragen. Nach dem Gottesdienst finden sie daheim vor dem Haus ihren Platz. Kleinere Palmzweige werden oft im Haus ans Kreuz gesteckt. Sie sollen uns auch noch im Alltag stets daran erinnern, dass Jesus auch unseren »Hosanna-Ruf«, unsere Sehnsüchte hört und uns entgegenkommen möchte.

Das hat mit uns zu tun

Mit dem Symbol des Esels an Palmsonntag verweist uns Jesus auf seine Haltung und sein Wirken als Friedenskönig.

Die Theologin Elisabeth Schmitter aus Rottenburg hat dazu folgende Meditation verfasst:

> *Ein Esel musste es sein, ausgerechnet ein Esel.*
> *Sieht so ein Triumphzug aus? Ein König soll etwas darstellen und Eindruck machen. Und Jesus weiß es, er weiß es nur zu gut. Mehr als einmal hat er die Flucht ergriffen vor den Erwartungen der Leute. Immer wieder haben sie ihn gedrängt, ihr König zu werden, immer wieder musste er sagen:* Was ihr wollt, kann ich euch nicht geben, und was ich euch gebe, wollt ihr nicht.
> *Man kennt Könige, die in ihre Stadt einreiten, hoch zu Ross. Das Pferd hat Klasse und Schönheit, Eleganz und Kraft, ein Statussymbol, mit dem der Herrscher sich schmückt oder Siege feiert. Ein Esel riecht nach Armseligkeit, nach Arbeit und Enge des Alltags, das kleine Lasttier der kleinen Leute. Tragen soll er, nicht repräsentieren.*
> *Das Volk liebte ihn, den Esel, gerade weil er nichts Besonderes ist. Die Menschen brauchten ihn, weil er den Glauben in ihren Alltag trug. Jedes Jahr spielten sie das fromme Spiel. Wie damals die Jünger huldigten auch sie dem*

Friedenskönig. Die Palmprozession wurde zum Bekenntnis:
Ja, Herr, du bist auch unser König.
Ein Esel musste es sein, ausgerechnet ein Esel.
Und ein König, der wie ein Bauer auf einem Esel reitet.
Alles an diesem König ist anders. Anders, als man's erwartet. Seine Macht ist die Liebe, sein Palast in den Herzen der Menschen; er herrscht, indem er dient.
Sie passen zusammen, der König, mit dem kein Staat zu machen ist, und sein Esel, der nicht für den Krieg taugt. Wehrlos und friedfertig sind sie beide, ohne Macht, aber auch nicht durch Macht zu beeindrucken.
Wie viel Größe muss man haben, um sich nicht groß machen zu müssen? Wie stark muss man sein, um sich Schwäche leisten zu können? Welche Kraft muss man haben, um den Versuchungen der Macht zu widerstehen und der Eitelkeit?
Ein Esel musste es sein, ausgerechnet ein Esel.
Andere Könige haben ihren Thron, ihre Krone, ihr Schwert. Der Friedenskönig hat seinen Esel. Andere Könige kommen und gehen. Der Friedenskönig bleibt.
(Elisabeth Schmitter)[8]

Das sollen Kinder verstehen

Durch den Einzug Jesu in Jerusalem erfahren wir, dass wahre Größe und Stärke nicht an Äußerlichkeiten wie Kleidung, Geld und großen Worten festzumachen ist.
Im Einsatz für Frieden, im Leben für Gerechtes und im Tun der Liebe haben alle die gleiche Chance, der oder die »Größte« und »Stärkste« zu sein. Jesus wollte uns mit seiner Haltung ein Beispiel geben.

Das können wir miteinander tun

Vorbereitung: Um die Botschaft von Palmsonntag den Kindern anschaulich zu vermitteln, können Sie Folgendes vorbereiten: ein braunes oder ähnlich farbiges Tuch für die Gestaltung eines Weges, ein Seil oder eine Schnur, ein Holzesel, ein rotes Papierherz, eine Vase, ein paar Zweige (Weidenkätzchen, Buchs o. Ä.) Alle versammeln sich im Kreis. Ein Seil wird in Form eines Torbogens in die Mitte gelegt.

Ein/e Erwachsene/r spricht:
Ihr erkennt, was ich hier hingelegt habe.
Kinder: ein Tor, eine Tür.

Wofür so etwas gut ist!?
Kinder: Man kann hineingehen, hinausgehen.
Ein anderer Raum, ein anderes Gebiet beginnt.
Es bietet Schutz …

Früher waren viele Städte mit einer Mauer umgeben und geschützt.

Nur durch das Tor konnte man in die Stadt kommen. So war dies auch in Jerusalem. Damals – als Jesus dort hinkam.

Er war auf dem Weg zum Paschafest (so nennen die Juden ihr Dank- und Befreiungsfest).

Als Jesus mit seinen Freunden schon dicht bei Jerusalem war, da sagte er zu zwei von seinen Jüngern:

»Geht schon mal vor, ihr zwei, dort hinüber in das Dorf. Es heißt Betphage. Dort findet ihr eine Eselin mit einem Füllen dabei. Bindet diese los und bringt sie mir. Wenn euch einer fragt, was ihr hier macht, dann sagt: Der Herr braucht sie.«

Die Jünger gingen in das Dorf. Sie taten, wie Jesus es ihnen aufgetragen hat.

Sie banden die Eselin los und brachten sie Jesus. Sie legten Kleider darauf und Jesus setzte sich auf das Tier. So zog Jesus in die Stadt Jerusalem ein.

Und die vielen, die mit ihm kamen, die nahmen ihre Kleider und breiteten sie vor ihm aus. Sie bereiteten ihm einen Weg.

Das braune Tuch wird in Form eines Weges vom Tor her gelegt; darauf wird der Holzesel gestellt.

Viele brachen Zweige von den Bäumen ab und winkten ihm zu. Dabei riefen sie: »Hosanna (das heißt übersetzt: Hilf doch!). Da kommt unser König. Er kommt von Gott. Er ist ein König Gottes.«

Andere standen vielleicht enttäuscht da. Sie dachten: »Das soll unser König sein? Den habe ich mir anders vorgestellt.«

Diese Menschen hatten wohl gedacht:

Kinder können sich an dieser Stelle stellvertretend äußern:
der hat eine Krone auf dem Kopf
einen langen purpurfarbenen Mantel
ein Zepter
reitet auf einem Pferd …

Aber nein, Jesus war ein anderer König. Er war ein König des Friedens und der Liebe. Er wollte nicht, dass Reichtum und Macht regieren. Er wollte, dass sich das Gute zwischen Menschen und Völkern ausbreitet. Dafür hat er sich sein Leben lang eingesetzt.

Ein rotes Herz wird auf den Weg gelegt.

Die vielen, die bei ihm waren, riefen weiter: »Hosanna. – Gelobt sei, der kommt im Namen des Herrn. Hosanna in den Höhen!«

Wir können das auch singen:

Lied: Hosanna

(Text / Musik: © Ulrike Mayer-Klaus)

Jesus möchte auch unser König sein. Daran denken wir jedes Jahr an Palmsonntag. Wir loben und danken ihm dafür, wenn wir beten.

Die folgenden Sätze werden einzeln (reihum) gelesen bzw. weiter ergänzt.
An dieser Stelle kann man die leere Vase auf den Weg stellen und zu jedem Satz einen Zweig hineinstecken. Dazwischen folgt jeweils der Liedruf: Hosanna, wir loben dich …

Gebet

Jesus, du hast die Menschen
die Liebe Gottes spüren lassen.
Daran denken wir heute und grüßen dich.
Liedruf: Hosanna …

Jesus, du hast viele Kranke geheilt.
Daran denken wir heute und grüßen dich.
Liedruf

Jesus, du hast Menschen
neues Leben geschenkt.
Daran denken wir heute und grüßen dich.
Liedruf

Jesus, du willst immer bei uns sein.
Daran denken wir heute und grüßen dich.
Liedruf

Schlussimpuls für Eltern

Jesus Christus,
wie die Jünger am Palmsonntag
haben auch wir Freude nötig,
um uns darauf vorzubereiten,
zusammen mit dir unser Kreuz zu tragen.
Und du sagst zu jedem von uns:
Hab keine Furcht, geh das Wagnis ein,
mir immer wieder nachzufolgen.
(Frère Roger)[9]

Vom Abschied und vom Abendmahl (Gründonnerstag)

ULRIKE MAYER-KLAUS

Hat der Gründonnerstag mit der Farbe »grün« zu tun? Warum verstummen an diesem Tag auf einmal alle Glocken in unserem Kirchturm? Weshalb wäscht Jesus seinen Jüngern die Füße?

Das wissen wir dazu

Mit dem Gründonnerstag beginnt einer der drei wichtigsten Tage der Karwoche. Der Name Grün-Donnerstag leitet sich wahrscheinlich vom mittelhochdeutschen *gronan* = weinen ab, das eher noch in den Begriffen »greinen« und »grienen« präsent ist. Dieser Tag bedeutete früher die Wiederaufnahme der öffentlichen Büßer (der Weinenden) in die Gemeinde. Zuvor bekundeten diese am Aschermittwoch durch das Anlegen eines Bußgewandes und den Empfang des Aschenkreuzes Reue für ihre Schuld und begaben sich öffentlich bekennend auf einen Weg der Umkehr, der in der Wiederaufnahme am Gründonnerstag sein Ziel fand.

Die Feier des Gründonnerstags nimmt inhaltlich das Abendmahl Jesu mit der Einsetzung der Eucharistie (Jesu Gegenwart in Brot und Wein) und die Fußwaschung als Zeichen der Liebe in den Blick.

Zunächst zum Abschiedsmahl Jesu:

Jesus nützte den jüdischen Brauch des Paschafestes (zur jährlichen Erinnerung an die Befreiung Israels aus ägyptischer Knechtschaft), um mit seinen Jüngern Abschied zu feiern. Er wusste um die Stunde seines bevorstehenden Leidens und Sterbens. Nachdem sie das Paschalamm ge-

gessen hatten, nahm er das Brot, sprach den Segen darüber und gab seinen Jüngern sein Vermächtnis, indem er – so die Darstellung des Evangelisten Lukas – sagte:
»Das ist mein Leib, der für euch hingegeben wird. Tut dies zu meinem Gedächtnis!« (Lk 22,19).

Danach nahm er den Kelch und sprach:

»Dieser Becher ist der Neue Bund in meinem Blut, das für euch vergossen wird« (Lk 22,20).

Mit diesen Worten deutete Jesus Brot und Wein in Bezug auf sich selbst: Das bin ich für euch! Er sagt uns dadurch in übertragenem Sinne: Immer wenn ihr dieses Mahl miteinander feiert und diese meine Worte über Brot und Wein sprecht, dann bin ich in diesen Gaben mitten unter euch. Ihr sollt wissen, dass die Liebe Gottes, die ich euch gezeigt habe, weitergeht. Mein Leib und mein Blut will euch stärken auf eurem Weg!

In jeder Messe feiern wir dieses Mahl und die Liebe Gottes zu uns, die mit Jesus in die Welt kam. Das Besondere daran ist: Es ist nicht nur eine Feier der Erinnerung, sondern ebenso die Feier der wirklichen Gegenwart Gottes.

An Gründonnerstag erinnern wir uns in der katholischen Kirche in besonderer Weise an die Einsetzung der Eucharistie.

Eucharistie heißt übersetzt Danksagung. Wir feiern in dankbarer Haltung die Hingabe Jesu an die Menschen bis in den Tod hinein und seine Auferstehung, die uns neues Leben verheißt.

Am Beispiel der Fußwaschung verdeutlichte Jesus, dass menschliche Größe nicht im Herrschen, sondern auf dem Weg des Dienens zu erlangen ist. Er selbst wusch seinen Jüngern vor dem Mahl die Füße, wie es sonst immer die Diener taten, denn zur damaligen Zeit waren die Straßen noch nicht asphaltiert. Er bekräftigte in diesem Zeichen die Leitlinie, die er seinen Jüngern schon vorher einmal ans Herz gelegt hatte, als er sagte:

> *... wer unter euch der Größte sein will, soll euer Diener sein, und wer unter euch der Erste sein will, soll euer Knecht sein. Denn auch der Menschensohn ist nicht gekommen, sich bedienen zu lassen, sondern zu dienen und sein Leben hinzugeben als Lösegeld für viele.*
> *(Mt 20,26–28)*

Im Bild der Fußwaschung drückt sich die Grundhaltung des Wirkens Jesu an den Menschen aus in dem Sinne: Denen, die am Boden sind, kann nur in die Augen schauen, wer sich zu ihnen hinunterbeugt.

In vielen Gemeinden findet das Beispiel der Fußwaschung am Gründonnerstag einen konkreten anschaulichen Platz im Gottesdienst, indem der Priester einigen Menschen – stellvertretend für die ganze Gemeinde – die Füße wäscht.

Die Liturgie des Gründonnerstags unterstreicht den Beginn der Leidenszeit dadurch, dass nach dem gesungenen Gloria, welches vom Orgelspiel und dem feierlichen Läuten der Glocken begleitet wird, Orgel und Glocken verstummen.

Von diesem Zeitpunkt bis zum Gloria der Osternacht wird in Süddeutschland das Glockengeläut durch Rätschen und die Altarschellen durch hölzerne Klappern ersetzt.

Im Anschluss an den Abendmahlsgottesdienst schließen sich in vielen Gemeinden Anbetungsstunden an. Das verweilende und wachende Beten – auch für Leidende – knüpft an das ausharrende Beten Jesu mit seinen Jüngern am Ölberg an.

Die Botschaft von Gründonnerstag lädt uns ein, uns wie Jesus in die hingebende Liebe zu Gott und den Menschen hineinnehmen zu lassen und darin zu erfülltem Leben zu wachsen.

Das hat mit uns zu tun

Für Kinder wie auch für Erwachsene ist der Gedanke, die eigenen Wünsche und Bedürfnisse zugunsten anderer zurückzustellen bzw. für andere da zu sein, eine bleibende Herausforderung. Jesu Liebe und Hingabe an die Menschen – konsequent bis in den Tod hinein – zeigt uns, wie Leben unter Menschen gelingen kann. Was genau diese Nächstenliebe für den Einzelnen heißt und für welche Form sich jemand ansprechen lässt, dazu gibt es keine äußere Richtlinie. Es gilt die Einladung, Liebe zum anderen zu üben und zu tun, aber im Maß der eigenen Kräfte und des persönlichen Wachsens.

»Liebe deinen Nächsten wie dich selbst!«, hat den anderen und das eigene Vermögen im Blick.

Der Gründonnerstag gibt die Richtung an, die konkrete Gestaltung jedoch liegt in der Verantwortung der Einzelnen.

Das sollen Kinder verstehen

Am Gründonnerstag denken wir in besonderer Weise an das Abschiedsmahl, das Jesus mit seinen Freunden gefeiert hat. Er gab ihnen Brot und Wein und deutete diese Gaben auf sich selbst: Das bin ich für euch! Den Auftrag an die Freunde, dieses Mahl auch in Zukunft zu feiern und sich darin von Jesus stärken zu lassen, haben die Jünger ernst genommen und weitergeführt. Dies geschieht bis heute, sodass auch wir uns vom Brot des Lebens immer wieder neu stärken lassen können in der Liebe zueinander.

Das können wir miteinander tun

Vorbereitung: eine Schale mit Wasser, ein Tischtuch, eine Kerze, evtl. Blumen, ein Stück Brot, ein Krug gefüllt mit Traubensaft, Trinkbecher

Hinführendes Gespräch mit den Kindern

Jede/r von uns lebt in verschiedenen Gruppen. Wenn ihr euch diese Gruppen vorstellt, z.B. Kindergarten, Schule, Sportverein, Chor, Kindergruppe usw., dann gibt es da immer welche, die von anderen bewundert werden, beliebt und anerkannt sind,

- weil jemand gut reden kann,
- weil jemand sich viel zutraut,
- weil jemand gut Fußball spielen kann,
- weil jemand immer moderne Kleider trägt ...

Menschen werden anerkannt, von anderen groß gemacht – das erleben wir in fast jeder Gruppe. Wer von uns wäre nicht auch gern der/die Größte!?

Jesus gab dazu auch eine Antwort, woran man den/die Größte unter den Menschen erkennt.
Dazu erzähle ich euch eine Begebenheit:

Erzählung

Jesus versammelt sich mit seinen Freunden zum Abschiedsmahl.
Er weiß, dass eine schwere Zeit auf ihn zukommt.
Zuvor möchte er seinen Freunden noch etwas Wichtiges sagen und zeigen.
Vor dem gemeinsamen Essen tut Jesus etwas Besonderes: Er bindet sich eine Schürze um. Dann nimmt er eine Schüssel mit Wasser.

Er geht zu jedem seiner Freunde hin und wäscht ihm die Füße.
Vor jedem bückt er sich.
Vor jedem macht er sich klein.
Das taten in der Regel nur die Diener und die Untertanen.
Die Jünger begreifen zunächst nicht, warum Jesus so etwas tut.
Er ist doch nicht ihr Diener.
Er ist doch ihr Herr und Meister.
Und Jesus erklärt ihnen:
Ich habe euch ein Beispiel gezeigt.
Ihr sollt einander dienen.
Ihr sollt euch nicht selber groß und andere klein machen.
Euer Zusammenleben gelingt besser, wenn ihr einander Gutes tut,
wenn ihr einander dient und helft.
Die wichtigste Botschaft Jesu lautet:
»Liebt einander, so wie ich euch geliebt habe!«
(Joh 15,12)

Vertiefung

Nun, bei uns ist es nicht üblich, dass die Gäste die Füße gewaschen bekommen.
Wir können aber gemeinsam überlegen, was die Botschaft Jesu für uns meint und wie wir sie leben können.

An dieser Stelle wird die Schale mit Wasser vorsichtig im Kreis herumgegeben.

Alle können dazu Beispiele des Dienens nennen, wie

- Hilfe bei Schulaufgaben
- einander bei den alltäglichen Aufgaben unterstützen, z. B. Schuhe putzen, Geschirr abtrocknen …
- überlegen, wem im Verwandten- oder Bekanntenkreis jetzt ein Besuch oder Anruf guttäte …

Zwischen jedem genannten Beispiel erfolgt der Liedruf.

Lied: Dies ist mein Gebot

Fortsetzung der Erzählung

Nach der Fußwaschung feiert Jesus mit seinen Freunden ein besonderes Fest. Er hatte es bereits früher mit seiner Familie jedes Jahr gefeiert: das Paschafest.

Das Tischtuch wird ausgebreitet, Blumen und die Kerze werden daraufgestellt. Danach legt ein/e Erwachsene/r das Brot – eingewickelt in ein weißes Tuch – in die Mitte.

Beim Abendmahl nimmt Jesus das Brot in seine Hände und spricht ein Dankgebet. Er dankt Gott für seine Freunde und die Menschen, die ihn begleitet haben. Er mag sie alle ganz besonders. Der Abschied von ihnen fällt ihm schwer. Ihnen möchte er weiterhin nahe und verbunden bleiben. Er nimmt das Brot und teilt es.

Das Brot in der Mitte wird untereinander geteilt.

Dann schaut Jesus die Mitfeiernden an und sagt: »Nehmt und esst alle von diesem Brot. Das ist mein Leib, das bin ich für euch!«

Alle bekommen ein Stück Brot in die Hand.

Wir essen zusammen Brot und denken an Jesus, der für die Jünger damals und auch für uns Brot des Lebens sein will.

Alle essen das Brot. Die Becher werden mit Traubensaft gefüllt.

Jesus nimmt bei seinem Mahl einen Kelch mit Wein zur Hand. Er sagt: »Nehmet und trinket alle daraus. Das ist mein Blut, das bin ich für euch!«

Alle trinken.

Jesus trug seinen Jüngern auf, das Mahl mit Brot und Wein immer zu feiern und dabei an ihn zu denken. Seit dieser Zeit feiern die Christen zur Erinnerung an Jesus dieses Mahl. Sie wissen: In Brot und Wein ist er unter ihnen da.

Lied: Beim letzten Abendmahle

2. »Nehmt«, sprach er, »trinket, esset:
das ist mein Fleisch, mein Blut,
damit ihr nie vergesset,
was meine Liebe tut.«
3. Dann ging er hin zu sterben
aus liebevollem Sinn,
gab, Heil uns zu erwerben,
sich selbst zum Opfer hin.

(Text: Christoph von Schmid 1807 / Melodie: Melchior Vulpius 1609)

Abschließendes Gebet

Jesus, du willst uns nahe sein.
In Brot und Wein hast du dich uns geschenkt.
Wir danken dir für deine Liebe.
Verwandle uns immer wieder neu
zu Menschen, die Gutes tun und einander dienen.
Stärke uns in der Liebe und sei bei uns
alle Tage unseres Lebens. Amen.

Schlussimpuls für Eltern

Das Leben teilen wie das tägliche Brot,
das Leben für die Freunde einsetzen,
bedingungslos und bis zur letzten Konsequenz:
Das ist die Freundschaft und Treue,
die Jesus uns vorgelebt hat.
(Petra Focke)[10]

Vom Sterben Gottes am Karfreitag

ALBERT BIESINGER

Warum gibt es eigentlich den Karfreitag? Wenn Jesus Gott ist, warum muss er dann sterben? Warum waren die Menschen so böse, dass sie ihn ans Kreuz gehängt haben? Weshalb hat Gott seinem Sohn Jesus am Kreuz nicht geholfen?

Das wissen wir dazu

Das Wort Kar-Freitag geht auf den Begriff *kara* = Sorge, Kummer zurück. Trauer zu durchleben und auch zu erleben gehört zu den Ritualen der Kirche im Laufe des Kirchenjahres.

Der Karfreitag ist der Todestag Jesu, der aus der göttlichen Welt als der Sohn Gottes in diese unsere Welt gekommen ist und das Leben eines Menschen durchlebte und damit auch den Tod erfahren musste.

Seine von Gott angenommene Aufgabe war und ist durch alle Zeit eine einzige: aus der göttlichen Welt in diese materielle Welt voller Leid und Tod zu kommen; die Botschaft zu verkünden, dass wir Menschen alle zum Be-Reich Gottes gehören, und dies bis in den Tod zu bestätigen.

Indem Jesus als der Sohn Gottes durch den Tod der Menschen hindurchgeht und ihn auch sehr schmerzlich am Kreuz erleidet, öffnet sich der Himmel für alle Menschen und damit auch für uns. Wir werden mit hineingenommen in die Dynamik der Rettung aus dem Tod, die Gott am Ostermorgen Jesus und der Menschheit geschenkt hat. Gott hat seinen Sohn nicht im Tod gelassen, sondern er hat ihn auferweckt aus dem Tod.

Christen in aller Welt beten am Karfreitag mit Jesus zu Gott, versuchen sich einzufühlen in seine Schmerzen, sein Leid und sein schmerzliches Sterben.

In manchen Regionen gibt es große Karfreitagsprozessionen – so etwa in Spanien und Italien, auch in Jerusalem selbst –, in denen das Geschehen am Todestag Jesu in der Altstadt von Jerusalem nachvollzogen wird, um es besser verstehen zu können.

Jesus hat mit seinem Tod uns Menschen das Tor des Himmels geöffnet und nimmt uns am Tag unseres eigenen Sterbens an die Hand und führt uns hinüber in die göttliche Welt. Die Erlösung aus dem Tod ist nicht möglich, ohne dass Jesus als der Sohn Gottes selbst stirbt. Christen feiern deswegen in der Heiligen Woche von Palmsonntag bis Ostern auch ihre eigene Erlösung. Indem Jesus uns verkündet, dass wir zum Be-Reich Gottes gehören, tilgt er alle Verfehlungen der Welt, auch unsere Schuld. Kein Mensch kann leben, ohne in irgendeiner Weise schuldig zu werden. Die Frage: »Was geschieht mit der angehäuften Schuld?«, beantwortet sich am Karfreitag: Indem er das schwere Kreuz trägt, trägt er auch die Sünden dieser Welt: gestern, heute und morgen.

Ob Gott die Menschheit auch ohne den Tod Jesu am Kreuz hätte erlösen können, darüber müssen wir nicht spekulieren. Und wie hätte Gott seine Liebe uns Menschen gegenüber besser zeigen können als mit der Hingabe seines eigenen Sohnes?

Er hat die Menschheit auf diesem Wege erlöst.

Der evangelische Theologe Jürgen Moltmann schreibt in einem Vortrag 2006: »Karfreitag steht gewiss im Zentrum dieser Welt, aber der Ostermorgen ist der Sonnenaufgang der neuen Welt Gottes. Ich liebe die orthodoxe Osterliturgie: ›Jetzt ist alles vom Licht erfüllt, der Himmel und die Erde und das Reich der Toten. Die ganze Schöpfung jubelt in der Auferstehung Christi‹.« Die Geschichte Jesu ist eine Leidensgeschichte. Diese aber wegzuradieren würde das Christentum gar nicht mehr verstehbar machen.

Es ist auch umgekehrt eine Leidenschaft Gottes, wenn er sich mit den Menschen so solidarisiert, dass er durch das Leid der Welt hindurchgeht. Jesu Leib wird gefoltert, zerstört. Jesu Weg ist ein Weg der Erniedrigung:

Er war Gott gleich, hielt aber nicht daran fest, wie Gott zu sein, sondern er entäußerte sich und wurde wie ein Sklave und den Menschen gleich. Sein Leben war das eines Menschen; er erniedrigte sich und war gehorsam bis zum Tod, bis zum Tod am Kreuz.
(Phil 2,6–8)

Gott selbst schafft in seinem Sohn Gemeinschaft mit denen, die erniedrigt und entäußert werden, die sterben müssen. Das Kreuz Jesu ist Zeichen des Todes, aber ein Zeichen, das gleichzeitig signalisiert: Der Tod ist nicht das letzte Wort.

Aus den »Kreuzen«, die wir tragen müssen, strahlt bereits etwas von deren Überwindung heraus, wenn wir auf Gott vertrauen.

Das hat mit uns zu tun

Wer den Karfreitag mitfeiert, denkt dabei auch an die eigene Sterblichkeit und den künftigen Tod, der auf alle Menschen zukommt. Nichts ist so sicher, wie dass wir sterben müssen. Wir wissen nicht, wann und wo. Aber es ist naiv, den eigenen Tod zu verdrängen. Und dennoch können wir nicht jeden Tag daran denken und müssen dies auch nicht. Umso mehr ist es im Kreislauf des Kirchenjahres eine große Chance, sich in der Feier des Karfreitags mit der eigenen Sterblichkeit auseinanderzusetzen und mit dem, was uns über den Tod hinaus an Sehnsucht gegeben ist.

Das sollen Kinder verstehen

Für Kinder ist es je nach Alter oft sehr schockierend, die Kreuzesfigur anzuschauen und sie zu verstehen. Manche Kinder reagieren mit großem Schmerz und Unverständnis darauf, dass Menschen anderen Menschen so etwas antun können. Und dennoch: Es ist die Realität genau dieser Welt, in der Ihr Kind und Ihre Kinder leben müssen. Täglich wird in den Fernsehnachrichten über Kriegshandlungen berichtet, blutüberströmte Menschen und weinende Kinder sind zu sehen. Auch vor diesem Hintergrund ist es eine falsch verstandene Sensibilität, Kindern die Auseinandersetzung mit dem Bösen in dieser Welt immer nur ersparen zu wollen. Besser ist es, mit ihnen darüber zu sprechen und im Wohnzimmer nicht gerade ein Kreuz aufzuhängen, auf dem eine bluttriefende Jesusfigur angenagelt ist. Ein Kreuz ohne Körper ist für viele Kinder als Symbol erst einmal leichter zu verstehen.

Am Karfreitag soll den Kindern auf sensible Weise das tragische Ende von Jesu irdischem Leben vermittelt werden – jedoch mit dem Ausblick auf das neue Leben bei Gott und die frohmachende Osterbotschaft, die auch uns gilt.

Um den Menschen zu zeigen, dass Gott sie auch im Tod nicht alleinlässt und er sie daraus errettet, ist Jesus als Sohn Gottes uns Menschen gleich geworden bis in den Tod.

Das können wir miteinander tun

Kinderkreuzweg am Karfreitag

Entwurf von Ursula Mast, Leiterin des Kindergartens St. Michael in Rottenburg a. N.

Thema: Wir gehen mit Jesus den Weg des Kreuzes

Vorbereitung: Tücher (schwarz, grün), Kreuz (ohne Korpus), zwei lange Seile, eine große Kerze, ein verknotetes Seil, ein Stein, mehrere kleine Kerzen (Teelichter), Marienstatue oder -bild, kleine Forsythienzweige

Einstieg: Kreuzzeichen

Im Namen des Vaters und des Sohnes und des Heiligen Geistes. Amen.

Lied: Unser Freund heißt Jesus Christ

2. Wenn wir einmal traurig sind,
drückt uns unser Schuh,
beten wir zu unserm Herrn,
und er hört uns zu.

3. War der Tag voll Sonnenschein,
Freude immerzu,
beten wir zu unserm Herrn,
und er hört uns zu.

4. Wenn wir alle Freunde sind,
fällt es nicht mehr schwer:
Ich helf dir und du hilfst mir.
So will's unser Herr.

Kreuz (ohne Korpus) auf ein dunkles Tuch legen.
Gedanken sammeln zum Kreuz.
Körpererfahrung: Kreuz.

Zusammenfassung: Jesu Leben war wie ein Kreuz – Verbindung zu Gott und zu den Menschen.

Wir gehen mit Jesus den Weg des Kreuzes.
Mit Seilen einen Weg legen.

Rückblick auf Palmsonntag und Feier des Abendmahls
Überleitung: Ölberg: Ein grünes und schwarzes Tuch an den Anfang des Weges legen, die Jesus-Kerze auf Tücher stellen.

Gefangennahme Jesu

Verknotetes Seil um die Kerze legen.

Jesus nimmt das Kreuz

Pilatus hat Jesus verurteilt. Jesus muss sterben. Die Soldaten führen Jesus weg. Jetzt beginnt für Jesus ein schwerer Weg, ein steiniger und harter Weg.
Ein großer Stein wird auf den Weg gelegt, die Kerze zum Stein gestellt.

Die Soldaten schleppen ein schweres Kreuz herbei.
Ein Kreuz wird auf den Weg gestellt.

Jesus nimmt das schwere Kreuz auf sich. Er muss es ganz allein tragen, auf einen Weg hinaus vor die Stadt. So beginnt sein Kreuzweg.
Die Kerze wird zum Kreuz gestellt.

Wir wollen an die vielen Menschen denken, die auch ein schweres Kreuz tragen müssen, weil sie krank, behindert, arm oder allein sind.
Wir stellen für diese Menschen Lichter an unseren Weg.
Rechts und links wird eine Kerze an den Weg gestellt.

Jesus fällt unter dem Kreuz

Jesus muss das Kreuz auf einen Berg hinauftragen, auf den Berg Golgota.

Kreuz und Kerze ein Stück weiter auf dem Weg.

Der Weg ist steinig, er ist schwer. Das Kreuz drückt. Jesus hat keine Kraft mehr. Viele Leute stehen und schauen, doch niemand ist da, der ihm hilft. Da fällt Jesus zu Boden.

Das Kreuz wird auf den Boden gelegt, die Kerze dazugestellt.

Wer hilft Jesus? Ist unter den vielen Menschen am Weg keiner, der ihm hilft?
Die Soldaten zwingen Jesus weiterzugehen.

Das Kreuz wird ein Stück weiter auf dem Weg gestellt, die Kerze zum Kreuz.

Jesus begegnet seiner Mutter

Viele Menschen stehen am Weg. Sie schauen und lachen. Viele spotten über Jesus. Unter den Menschen am Wegrand ist auch Maria, die Mutter von Jesus. Sie sieht Jesus. Sie weiß, wie er leidet. Sie fühlt seine Schmerzen. Sie weiß, wie allein er ist.

Eine Marienstatue wird zum Kreuz und zur Kerze gestellt.

Wir denken an die vielen Menschen, die allein sind, um die sich niemand kümmert, denen niemand hilft in der Not.
Wir zünden für diese Menschen Lichter an und stellen sie an unseren Weg.

Rechts und links werden an den Weg Lichter gestellt.

Simon hilft Jesus das Kreuz tragen

Jesus geht seinen Weg weiter, obwohl er fast keine Kraft mehr hat.

Kreuz und Kerze werden ein Stück weiter hingestellt.

So schleppt Jesus das Kreuz mühsam weiter. Da kommt ein Mann vom Feld, ein Bauer. Er heißt Simon. Die Soldaten sagen zu ihm: »Komm und hilf das Kreuz tragen!« Doch er will nicht. Er hat Angst. Da zwingen die Soldaten ihn, und so trägt Simon zusammen mit Jesus das Kreuz. Er spürt, dass Jesus leidet.
»Hände« zum Kreuz und zur Kerze legen.

Wir denken an alle die Menschen, die Hilfe brauchen, und wir denken an uns selbst und bitten Jesus, uns zu zeigen, wo jemand unsere Hilfe braucht.
Wir stellen Lichter an unseren Weg.
Rechts und links an den Weg Lichter stellen.

Jesus wird an das Kreuz geschlagen – Jesus stirbt am Kreuz

Jesus hat das Kreuz auf den Berg Golgota getragen.
Kreuz und Kerze ein Stück weiter stellen.

Die Soldaten haben ihm die Kleider weggerissen. Nun nageln sie Jesus an das Kreuz.
Das Kreuz wird erhöht aufgestellt, die Kerze davor.

Das Kreuz ist aufgerichtet. Jesus hängt an diesem Kreuz. Da wird es auf einmal mitten am Tag ganz dunkel.
Ein schwarzes Tuch wird um Kerze und Kreuz gelegt.

Es wird Nacht mitten am Tag.
Jesus ruft in seinem Schmerz: »Gott, warum hast du mich verlassen? Warum lässt du mich so allein?« – Doch dann sieht er auf die Menschen, die unter dem Kreuz stehen und

sagt: »Gott, verzeihe ihnen, was sie Böses getan haben, denn ich habe sie lieb.«
Dann stirbt Jesus am Kreuz.
Die Kerze wird ausgeblasen.

Jesus, wir danken dir, dass du die Menschen so gern hast. Wir stellen Lichter zu deinem Kreuz.
Rechts und links vom Kreuz ein Licht stellen.

Jesus ist tot. Er wird ins Grab gelegt. Es ist ganz still. Die Menschen gehen weg.
Aber das ist nicht das Ende.
Die Freunde von Jesus sagen uns: »Bald wird eure Traurigkeit zu Ende sein. Jesus wird leben. Am Ostertag wird er vom Tode auferstehen zu einem neuen, schönen Leben.«
Die Jesuskerze wird wieder entzündet.

Wir schmücken nun das Kreuz mit Blumen und wollen Jesus dabei sagen: »Jesus, wir haben dich lieb.«
Alle Kinder dürfen um das Kreuz kleine Forsythienzweige legen.

Gebet

Jesus, mit dir möchten wir zum Vater im Himmel beten: Vater unser im Himmel, geheiligt werde dein Name. Dein Reich komme. Dein Wille geschehe, wie im Himmel so auf Erden. Unser tägliches Brot gib uns heute. Und vergib uns unsere Schuld, wie auch wir vergeben unseren Schuldigern. Und führe uns nicht in Versuchung, sondern erlöse uns von dem Bösen. Denn dein ist das Reich und die Kraft und die Herrlichkeit in Ewigkeit. Amen.

Segen – Lied: Gottes Liebe ist so wunderbar

2. Gottes Güte ist so wunderbar …
3. Gottes Gnade ist so wunderbar …
4. Gottes Treue ist so wunderbar …
5. Gottes Hilfe ist so wunderbar …

(Text: mündlich überliefert / Melodie: Spiritual)

Schlussimpuls für Eltern

Karfreitag: Nicht das Ende

Wir haben unsere eigene Klage vorgebracht
im Namen vieler Menschen,
die aus Not, Krankheit und Elend
keinen Ausweg wissen.
Wir haben unsere Erlösung gefeiert,
die Befreiung aus der Verlorenheit,
die ein für allemal gilt und unwiderruflich ist.
Wir bekennen: Der Tod ist das Ende nicht.
Das Ende unseres Lebens heißt Auferstehung,
heißt Anfang und nicht Vernichtung.
Das alles werden wir sehen
und verstehen am dritten Tag.
(Roland Breitenbach)[11]

Vom Wunder der Auferstehung (Ostern)

ULRIKE MAYER-KLAUS

Kann man tot sein und dann wieder lebendig werden? Wie war das genau mit der Auferstehung? Warum heißt das Fest eigentlich gerade »Ostern«? Und weshalb beschenkt man sich mit Schokohasen und Ostereiern? Das ist doch schon lange her mit der Auferstehung Jesu. Und trotzdem feiern wir jedes Jahr, als wäre dies wieder geschehen! Warum eigentlich?

Das wissen wir dazu

Ostern ist das älteste und zugleich wichtigste Fest der Christen.

Das Bekenntnis zu Jesus, dem Auferstandenen, ist die Wurzel und der Grund des christlichen Glaubens. Sowohl die Evangelien als auch die anderen Schriften des Neuen Testaments geben Zeugnis vom Sieg des Lebens über den Tod und von der Hoffnung, die uns durch Gott geschenkt ist. In der alljährlichen Feier des Osterfestes halten wir diese Hoffnung, die auch unserem Leben und Sterben gilt, lebendig.

Der genaue Termin variiert jedes Jahr und ist festgelegt auf den Sonntag nach dem ersten Frühlingsvollmond. Der Name »Ostern« erinnert an die germanische Frühlings- und Lichtgöttin »Ostera«. Ihr zu Ehren feierte man um die Zeit des ersten Frühlingsvollmondes ein Fest. Für die Christen mag dieser Termin ein günstiger Anlass gewesen sein, Jesus als die aufgehende Sonne und als ihr Licht zu feiern.

Nun, wie können wir das Phänomen der Auferstehung verstehen? Sicher nicht in dem Sinne, wie wir die Passion und den Kreuzestod als historischen Sachverhalt begreifen. Die verschiedenen Auferstehungsberichte, so wie sie uns die Evangelien vermitteln, sind allesamt Erfahrungen des Glaubens.

Menschen haben an unterschiedlichen Orten und in verschiedenen Situationen die innere Erfahrung gemacht: Jesus lebt. Er ist nicht im Tod geblieben. Er ist auferstanden! Und sie versuchten auf ihre je eigene Weise auszudrücken, was ihnen widerfahren ist. Die verschiedenen Auferstehungserzählungen (Mt 28,1–20; Mk 16,1–20; Lk 24,1–53; Joh 20,1–18) und die Vielfalt der Darstellungen des Auferstandenen in bildender Kunst und Musik geben Zeugnis für dieses Geschehen, bleiben jedoch immer etwas fragmentarisch und ein Stück Geheimnis.

Wissenschaftler und Theologen machen sich deshalb bis heute Gedanken, wie dieses Phänomen der Auferstehung zu begreifen bzw. zu verstehen ist. Als Medium der Untersuchungen dienen keine handfesten Beweise, sondern lediglich die Erfahrungen der Menschen, die dem Auferstandenen begegnet sind. Das waren Frauen und Männer, Gebildete und Ungebildete, Anerkannte und Außenseiter gleichermaßen. Sie alle durften unterschiedlich und doch mit gleicher innerer Gewissheit feststellen: Er lebt!

Egal, wo und auf welche Weise sie dies erfahren haben, ist doch allen gemeinsam: Sie erlebten durch die Begegnung mit dem Auferstandenen eine positive Veränderung, eine Wendung in ihrem Leben, die sie verwandelt hat und deren Botschaft und Wirkung sie unbedingt weitergeben wollten. Sie taten es und ihre Zeugnisse wurden aufgeschrieben in den Evangelien, der Frohen Botschaft für uns. Der Glaube an die Auferstehung Jesu möchte Mut und Hoffnung machen, an den Grenzen und Enttäuschungen des Lebens nicht hängen zu bleiben oder gar zu verzagen. Vielmehr kündet er vom Hindurchgehen durch jegliches Leiden, von der Überwindung des Todes und dem neuen Leben bei Gott. Ob Menschen das glauben können, ob sie ihr Leben auf diese Hoffnung bauen und daraus Kraft schöpfen, das obliegt der persönlichen Entscheidung jedes und jeder Einzelnen, ob sie sich auf diese Botschaft einlassen.

Zum großen Auferstehungsfest hat sich im Laufe der Jahre und Jahrhunderte eine Vielfalt von Bräuchen, auch aus dem heidnischen Bereich, entwickelt.

Das Osterfeuer und die Osterkerze entstammen dem Brauch des ursprünglichen Frühlingsfeuers, mit dem die Menschen die Frühlingssonne begrüßten. Für die Christen symbolisiert das Osterlicht Jesus, der uns Licht und neues Leben schenken will. Auch die Symbole, mit denen die Osterkerze geschmückt ist, verweisen jeweils auf eine tiefere Wirklichkeit:

Das Kreuz erinnert an den Tod Jesu, der durch die Auferstehung überwunden wurde. Der erste und der letzte Buchstabe des griechischen Alphabets – A (*Alpha* = Anfang) und Ω (*Omega* = Ende) – verweisen auf Christus, der von Anfang an bis zum Ende der Welt gegenwärtig ist. Die jeweilige Jahreszahl aktualisiert die Auferstehungsbotschaft für uns im Hier und Heute. Diese Jahreszahl sagt uns: Jesus ist immer bei uns, auch dieses Jahr.

Osterhase und Osterei wurden von ihrer Bedeutung her als Symbole der Fruchtbarkeit, des neuen Lebens und des Wiedererwachens der Natur in die christliche Feierkultur mit hineingenommen und unterstreichen ebenfalls das neue Leben in Jesus Christus.

Das hat mit uns zu tun

Der Verlust eines nahestehenden und geliebten Menschen verursacht bei den Hinterbliebenen eine Krise, starke Gefühle von seelischem Schmerz und Trauer, die oft noch verstärkt werden durch Verlustängste und Selbstzweifel. Vor einer solchen Erfahrung ist niemand geschützt – ob Erwachsene oder Kinder. Wie Menschen mit solchen Krisen und Grenzerfahrungen umgehen, ist ganz unterschiedlich, hängt zu einem Großteil auch davon ab, wie alt jemand ist und welche Bewältigungsstrategien ihm im Laufe des Lebens zugewachsen sind. Manche stürzen sich in Aktivitäten und lenken von den schmerzhaften Gefühlen ab. Andere gehen bewusst damit um und stellen sich dem Schmerz. So tat dies auch Maria von Magdala, die in ihrer Trauer das Grab Jesu aufsuchte (Joh 20,11–18). Vielleicht stellte sie sich darin auch dem ehrlichen Gefühl der Enttäuschung, dass das Sterben ihres Freundes und Meisters Jesus letztlich doch nicht aufzuhalten war.

Die Erzählung von der Begegnung zwischen Maria und dem Auferstandenen möchte jede und jeden von uns ermutigen, im Aussichtslosen Jesus zu suchen, unseren Schmerz ihm hinzuhalten und uns ihm anzuvertrauen. Vielleicht dürfen wir dann, wie Maria, Annahme und Trost erleben und darin spüren, dass ein Hindurchgehen zu neuem Leben möglich ist.

Das sollen Kinder verstehen

Jesus ist auferstanden. Er ist nicht im Tod geblieben. Gottes Macht ist stärker als der Tod. Deshalb brauchen wir nicht in Angst und Sorge zu leben.

Wir dürfen uns freuen und jubeln, weil wir wissen: Das Traurige und alle Dunkelheiten, auch der Tod, bleiben nicht bestehen. Gott führt durch alles hindurch in ein neues, helles und frohmachendes Leben. Es gibt immer wieder einen neuen Anfang zum Schönen und Frohmachenden, auch wenn wir das manchmal in bestimmten Situationen fast nicht glauben können – so wie Maria von Magdala. Seit Jesu Auferstehung dürfen wir hoffen – auch für uns!

Das können wir miteinander tun

Vorbereitung: ein dunkles schwarzes Tuch, ein gelbes Tuch, größere handliche Steine, Figuren (plastisch oder auf Karton gemalt): Maria von Magdala, Petrus und Johannes, eine Osterkerze

In der Mitte liegt ein schwarzes Tuch zu einem Weg geformt. Am Ende dieses Weges symbolisieren aufeinander liegende Steine eine Grabhöhle; ein größerer Stein bedeutet den Eingang zur Grabhöhle.

Ein/e Erwachsene/r erzählt:
Nun ist alles aus. Jesus ist tot.
Wer hätte das vorher gedacht!
So vielen hat er geholfen!
Und die Wunder, die er wirkte … warum nicht
bei sich selbst? Das hatte Maria gehofft,
dass er von Leiden und Tod bewahrt bleibt –
bis zuletzt.
Und jetzt? – Alles vorbei!
Alle Hoffnung dahin!
Was soll sie tun? Wo soll sie hin?
Sie macht sich auf den Weg.
Die Figur bzw. das Bild der Maria auf den Weg in Richtung Grabhöhle stellen.

Sie geht dorthin, wo sie ihn begraben haben,
ihren Herrn und Meister.
Noch einmal das Verlorene suchen.
Noch einmal in seiner Nähe sein.
Sie kann es immer noch nicht fassen.
Traurig geht sie den Weg zum Grab.
Die Figur der Maria zum Grab stellen.

Doch wie erschrickt sie?
Der Stein vom Grab ist zur Seite geschoben.
Den großen Stein vor der Grabhöhle zur Seite schieben.

Was ist geschehen?
In ihrer Furcht rennt sie zu den Jüngern Petrus und Johannes.
Maria den Weg zurückgehen lassen.
Die Figuren der Jünger ihr gegenüber aufstellen.

Aufgeregt ruft sie: »Jesus – Er ist weg!
Wo haben sie seinen Leichnam hingebracht?«
Die Jünger begleiten Maria.
Alle drei Figuren gehen wieder in Richtung Grab.

Am Grab angekommen, stellen auch die beiden Freunde fest: Der Leichnam Jesu ist weg.
Sie kehren um und gehen nach Hause.
Petrus und Johannes gehen den Weg wieder zurück.

Maria aber steht noch am Grab.
Sie weint. Noch immer kann sie es nicht fassen.
Da bückt sie sich und schaut ins Grab hinein.
Sie erblickt zwei Engel. Die fragen sie:
»Warum weinst du?«

»Ach, man hat meinen Herrn weggeholt, und ich weiß nicht, wohin«, sagt da Maria.
Wie sie sich wieder umwendet,
steht ein Mann vor ihr.
Auch ihm erzählt sie, wie verzweifelt sie ist.
Maria denkt: »Dieser Mann ist der Gärtner.«
Doch dieser nennt auf einmal ihren Namen.
Er sagt nur »Maria!«
Diese Stimme klingt ihr bekannt und vertraut.
Und da erkennt sie Jesus, ihren Herrn und Meister.
Auf einmal weiß sie: Er lebt!
Die Osterkerze wird entzündet und neben das Grab gestellt.

Da weicht das Dunkle und Traurige aus ihrem Herzen.
Sie spürt, wie neues und helles Leben in ihren Körper,
in ihr Herz zurückkommt.
Sie rennt los. Sie tut, was der Auferstandene ihr aufgetragen hat.
Sie geht zu den Jüngern und sagt ihnen: »Er lebt!«
Maria rennt zurück zu den Jüngern.

Nun weiß sie: Der Tod ist nicht das Ende.
Gott ist stärker als alles Leiden und der Tod.
Es gibt ein neues Leben bei Gott.
Aus den Steinen ein Tor bauen (als Symbol des Hindurchgehens), dahinter den Weg mit einem gelben Tuch fortsetzen und die Osterkerze als Ziel am Ende dieses Weges aufstellen.

Ihr sollt wissen, warum wir Ostern feiern.
Wir tun dies jedes Jahr.
Denn: Jesus ist auferstanden.
Er ist nicht im Tod geblieben.
Gott zeigt uns Menschen:

Alles Leiden und Sterben in dieser Welt
geht vorbei. Gott führt zu einem ewigen Leben.
Das gibt uns Grund zu feiern – jedes Jahr neu!
So dürfen wir miteinander singen:

Lied: Alleluja, danke Jesus

Schlussimpuls für Eltern

Wer an die Auferstehung glaubt

Ostern ist das Fest der Auferstehung,
das Fest des Jungseins,
das Fest des ewigen Lebens.
Wer an die Auferstehung glaubt,
wird niemals alt, kann immer neu anfangen,
findet in der schwärzesten Nacht
immer einen leuchtenden Morgen.
Wer an die Auferstehung glaubt,
braucht keine Angst vor dem Leben zu haben,
braucht vor Leid und Tod nicht zu verzweifeln.
(Phil Bosmans)[12]

Von den Jüngern, denen die Augen aufgehen (Emmaus)

ALBERT BIESINGER

Wenn Jesus tot ist, wie kann er dann mit den Jüngern nach Emmaus gehen? Wie kann es sein, dass die Jünger so lange auf dem Weg nicht gemerkt haben, dass es Jesus selbst ist? Warum erkennen die Jünger Jesus erst am Brotbrechen? Wie kann ein Mensch, der tot ist, doch noch leben?

Das wissen wir dazu

Es gehört zu den Geheimnissen unseres Lebens, dass wir sterben müssen. Bereits bei unserer Geburt beginnt das Sterben.

Warum das so ist, können wir letztlich nicht wissen. Dass Gott uns Menschen aber so erschaffen hat, liegt auf der Hand.

Weil Gott unser Schöpfer ist, sind wir mehr als unsere Körper. Wir sind Kinder Gottes.

Jesus ist am Kreuz gestorben und Gott hat ihn auferweckt. Das heißt: Er hat alles, was ihn als Person ausgemacht hat, und alles, was er in seinem Leben gewirkt hat, erweckt und aufgenommen in einen neuen verwandelten Leib, der bei Gott – wir sagen »im Himmel« – einen Platz gefunden hat. Das ist auch der Grund, warum die Jünger »ihren« Jesus, so wie sie sich an ihn erinnerten, nicht gleich wiedererkannten. Er erschien ihnen in neuer Gestalt. Wahrscheinlich verharrten sie immer noch in der Trauer, dass ihnen ihr Meister genommen wurde. Emotional waren sie ja bitter enttäuscht, da Jesus doch nicht der König Israels geworden ist. Viele hatten sich erhofft, dass sie dann auf der Sonnenseite des Lebens stehen würden.

Wenn ein jüdischer Mann, der von sich sagt und zu dem man sagt, er sei der Messias, am Kreuz stirbt, dann ist der auf jeden Fall nicht der erwartete Retter. Der Messias war der seit Langem Erwartete, der die Not, die Ungerechtigkeit, das Leid und vor allem auch die Unterdrückung für das Volk Israel endlich ein für allemal aufheben sollte, sodass neue Zeiten anbrechen würden.

Die Jünger Jesu – so schildert es Lukas in seinem Evangelium (Lk 24,13–32) – sind auf dem Weg von Jerusalem nach Emmaus. Sie haben alles mitbekommen, die Schande und die Enttäuschung über den Kreuzestod Jesu. Plötzlich kommt ein Mann hinzu, der sie fragt, warum sie denn so traurig sind. Sie sind entrüstet, dass dieser Mann nichts davon weiß, was mit Jesus von Nazaret in Jerusalem am Kreuz geschehen ist. Der Mann geht mit ihnen. Er begleitet sie in ihrer Trauer.

Nach dem langen Weg sagen sie zu ihm: »Herr, es will Abend werden und der Tag hat sich geneigt. Bleibe bei uns.« Sie laden ihn ein in ihr Haus, und er nimmt beim Essen Brot in seine Hände und tut das, was Jesus immer schon mit seinen Jüngern getan hat.

»Da gehen ihnen die Augen auf«, und sie wissen, dass es Jesus ist, der sich, zunächst von ihnen unerkannt, zu ihnen gesellt hat und sie gerade in ihrem großen Leid nicht alleingelassen, sondern sie begleitet hat.

Das Brotbrechen in der Eucharistiefeier ist auch für uns der Ort, wo wir – wie in einer Zeitreise zurück in den Abend-

mahlsaal – Jesus konkret begegnen. Der Priester spricht darin die Worte, die Jesus damals selbst gesprochen hat:
»Nehmt und esst, das ist mein Leib.«
»Nehmt und trinkt, das ist mein Blut.«

Diese Aussagen bedeuten in der damaligen Sprache: »Nehmt und esst, das bin ich selbst. Nehmt und trinkt, das bin ich selbst für euch und mit euch.«

Bei der Teilhabe an der Eucharistie oder dem Abendmahl entsteht diese innige Beziehung zwischen IHM und uns so, als ob er in uns selbst wohnt. Er ist uns also ganz nahe gekommen, er begleitet uns und nimmt uns mit auf seinem Weg hin zu Gott, wo er ja bereits wohnt.

An der Geschichte von Emmaus können wir verstehen lernen, dass wir Menschen auch als geistige Person ohne unseren konkreten Körper weiterleben, nicht aus eigener Kraft, sondern weil Gott uns dieses neue Leben gibt.

Das hat mit uns zu tun

Wer schon einmal einen Menschen tot im Sarg gesehen hat, kann erahnen, wie unvorstellbar es ist, dass wir auferweckt werden. Und es ist tatsächlich so: Der Körper im Sarg wird zerfallen. Nach zwei Jahrzehnten sind in einem Grab nur noch Spuren des aufgelösten Körpers zu finden. Auferweckung meint auch nicht, dass dieser Staub und die Knochenreste am Schluss wieder zusammengebaut werden und der Mensch mit diesem seinem materiellen Leib aufersteht. Der Tod ist vielmehr eine Verwandlung unserer sterblichen Existenz in die geistige Existenz bei Gott.

Wie die Jünger auf dem Weg nach Emmaus nicht gemerkt haben, dass der auferstandene Jesus mitten unter ihnen ist, können auch unsere Augen dies nicht sehen.

Gott mit neuen Augen sehen – dies ist die eigentliche Botschaft von Ostern. In das Licht des Auferweckten zu schauen, ist uns direkt nicht möglich, und vielleicht würden wir es auch gar nicht aushalten können.

Aber das Undenkbare wenigstens zuzulassen, dass es noch andere Dimensionen der Wirklichkeit gibt, die wir mit unseren jetzigen Augen nicht sehen, dies lehrt uns der Gang der Jünger mit Jesus nach Emmaus.

Das sollen Kinder verstehen

Kinder sind mit dem Tod und den Fragen, was nach dem Tod kommt, immer früher unterwegs. Sie können am Beispiel des »Emmaus-Ganges« eine in der Weltgeschichte sehr wichtig gewordene Deutung von Tod und Auferweckung erleben und verstehen. Dieses Verständnis kann ihnen Trost geben im Blick auf ihre Erfahrungen mit dem Tod in der eigenen Umgebung, aber auch ganz generell. Auch Kinder, die nicht religiös aufwachsen, sollten zumindest diesen »Ansatz«, Tod und Auferweckung zu deuten, kennengelernt haben, um sich entsprechend entscheiden zu können, wie sie selbst den Tod interpretieren oder nicht interpretieren wollen. Für Kinder ist es hilfreich, rechtzeitig im Leben zu lernen, dass es Wirklichkeitsbereiche gibt, die sie zwar (noch) nicht sehen, die aber trotzdem sind.

Das können wir miteinander tun

Wir müssen nicht alle Fragen unserer Kinder beantworten können. Aber wir können unsere Kinder bei diesem Gang an die Grenzen ihrer Vorstellungskraft begleiten und ihnen als Gesprächspartner zur Verfügung stehen. Ihre Fragen bringen uns in unserem Glauben schließlich ja auch weiter und führen uns oft selbst an die Grenzen unserer eigenen Vorstellungsmöglichkeiten.

Insofern ist gerade auch der religiöse Dialog in der Familie Gold wert, weil Eltern und Kinder sich gemeinsam auf die Sinnsuche nach Antworten auf die letzten Fragen des Lebens hin weiterbewegen.

Natürlich kann man diese Themen auch ausgrenzen, aber es bedeutet einen Verlust an Sinn und Lebenserfahrung. Religiöse Erziehung ist – das Beispiel Emmaus belegt dies brillant – ein Überschuss an Sinn. Ich kann daran glauben, dass auch ich aus dem Tod verwandelt werde hinein in die ewige Kommunikation mit Gott.

Erzählung: Unterwegs nach Emmaus

Am Sonntag nach der Kreuzigung gingen zwei der Jünger von Jerusalem nach Emmaus, einem kleinen Ort, der ungefähr zwölf Kilometer von der Hauptstadt entfernt lag.

Sie waren über zwei Stunden unterwegs und redeten über die aufregenden Ereignisse der letzten Tage. Sie konnten es immer noch nicht fassen, dass Jesus jetzt nicht mehr bei ihnen war.

Während sie miteinander diskutierten, kam ein Fremder des Weges und lief eine Weile neben ihnen her.

»Worüber sprecht ihr und weshalb seid ihr so traurig?«, fragte der Fremde.

Sie blieben überrascht stehen, und der eine der beiden, der Kleopas hieß, antwortete: »Bist du so fremd hier in Jerusalem, dass du nicht mitbekommen hast, was am letzten Freitag passiert ist?«

»Nun, was ist denn passiert?«, erkundigte sich der Fremde.

»Die Verurteilung von Jesus aus Nazaret! Er war ein Prophet. Er hat Gottes Wort verkündigt. Doch unsere

Hohenpriester und Führer haben ihn zum Tod verurteilt und ans Kreuz schlagen lassen. Das ist schrecklich! Denn wir haben alle gehofft, dass er der Messias ist, der Israel retten wird.«

»Heute ist schon der dritte Tag, dass er tot ist!«, fiel der andere seinem Begleiter ins Wort. »Und außerdem haben uns einige Frauen aus unserem Bekanntenkreis in große Aufregung versetzt. Sie waren im Morgengrauen am Grab und fanden es leer. Als sie zurückkamen, sagten sie, es sei ihnen ein Engel erschienen, der habe gesagt, dass Jesus lebe. Aber keiner hat Jesus bisher gesehen.«

»Es fällt euch wohl sehr schwer, zu glauben, was die Propheten gesagt haben«, antwortete der Fremde. »Der Messias musste das alles erleiden. So steht es in der Schrift.« Und dann erklärte er ihnen, was bei Mose und den Propheten über den Messias geschrieben steht.

Als sie in Emmaus ankamen, wurde es dunkel. Der Fremde wollte sich verabschieden, aber die Jünger sagten:

»Herr, bleibe bei uns, denn es wird bald Abend und der Tag geht zu Ende.«

Da ging er mit ihnen. Als sie zusammen beim Abendessen saßen, nahm der Fremde das Brot, dankte Gott und brach es in Stücke, die er ihnen gab.

Da ging den beiden Jüngern endlich ein Licht auf. Sie erkannten Jesus, aber im gleichen Augenblick war er verschwunden. Genauso plötzlich, wie er aufgetaucht war. Noch in derselben Stunde brachen sie auf, um nach Jerusalem zurückzukehren und den anderen von ihrem Erlebnis zu berichten.

(Ursel Scheffler)[13]

Lied: Herr bleibe bei uns

(Text: Lukas 24,29 / Melodie: Albert Thate 1935)

Schlussimpuls für Eltern

Begleitet Jesus auch mich auf meinem Weg?
Gibt es Momente in meinem Leben,
in denen mir die Augen (kurz) aufgingen
und der bisher unbekannte,
verborgene Jesus Christus
sich mir gezeigt hat?
Lade auch ich Jesus zu mir ein?
Darf er als mein Gast
zu meinem Gastgeber werden?
Ist das Brotbrechen
für mich auch ein Ort
der Christusbegegnung?

Vom Weg Jesu in den Himmel (Christi Himmelfahrt)

ALBERT BIESINGER

Hat jemand gesehen, wie Jesus in den Himmel entschwunden ist? Wo ist eigentlich der Himmel? Und wie sieht es da aus? Kann man da hinkommen und den Jesus sehen oder treffen? Woher weiß man eigentlich, dass Jesus im Himmel ist?

Das wissen wir dazu

Das Geheimnis des Festes Christi Himmelfahrt birgt für uns Menschen die Hoffnung, dass auch unser Weg in den Himmel führt.

In der Bibel können wir den Weg Jesu gut nachvollziehen. Seine Jünger begegnen ihm nach Ostern in einer anderen Weise als vorher. Er ist der Auferweckte, der ihnen als Verklärter begegnet. Die Erscheinungen Jesu sind für die Jünger und Jüngerinnen real, sie nehmen ihn in einer neuen Gestalt wahr. Jesu Aufgabe ist es, den Jüngern die neue Lage verstehbar zu machen.

Und dann kommt die nächste Phase: Jesus verabschiedet sich aus seinem Erdenleben und geht für immer dorthin zurück, von wo er hergekommen ist, nämlich in den Himmel, in die Welt Gottes, um uns dort eine Wohnung zu bereiten.

Auch hier zeigt sich die Liebe Jesu zu den Menschen: Ich gehe nicht und lasse euch allein. Ich schicke euch den Heiligen Geist, der in euch und unter euch wohnen wird, so als ob ich bei euch bin bis ans Ende der Welt.

Euer Herz erschrecke nicht. Glaubt an Gott und glaubt an mich! Im Haus meines Vaters sind viele Wohnungen. Wäre es nicht so, hätte ich es euch dann gesagt: Ich gehe, um euch einen Platz zu bereiten? Und wenn ich gegangen bin und euch einen Platz bereitet habe, komme ich wieder und werde euch zu mir nehmen, damit auch ihr seid, wo ich bin. Und wohin ich gehe – den Weg dorthin kennt ihr.

Und ich werde den Vater bitten, und er wird euch einen anderen Beistand geben, der in Ewigkeit bei euch bleibt, den Geist der Wahrheit, den die Welt nicht empfangen kann, weil sie ihn nicht sieht und nicht kennt. Ihr kennt ihn, weil er bei euch bleibt und in euch sein wird. Ich werde euch nicht als Waisen zurücklassen. Ich komme zu euch. Noch kurze Zeit und die Welt sieht mich nicht mehr. Ihr aber seht mich, weil ich lebe und auch ihr leben werdet. An jenem Tag werdet ihr erkennen, dass ich in meinem Vater bin und ihr in mir seid und ich in euch. Wer meine Gebote hat und sie hält, der ist es, der mich liebt. Wer aber mich liebt, wird von meinem Vater geliebt werden, und auch ich werde ihn lieben und mich ihm offenbaren.
(Joh 14,1–4.16–21)

Die »Himmelfahrt Jesu« hat eine innere Logik. Seine Lebensaufgabe war es ja, aus der göttlichen Welt in diese Welt des Leidens und des Sterbens hineinzugehen, alles Menschliche außer der Sünde zu erleben und durch Tod und Auferweckung hindurchzugehen. Nur so kann er aus dem Tod die gesamte Menschheit mitnehmen in das ewige Leben, in die Nähe Gottes, in die neue Welt Gottes, in den Be-Reich Gottes, den wir Himmel nennen, dem wir aber keinen räumlichen Platz zuweisen können.

Bevor Jesus wieder zurückgeht zu seinem Vater in den Himmel, tröstet er sie in seinen »Abschiedsreden« (vgl. Joh 13,31–16,33). Jesus ist nichts Menschliches fremd. Den Jüngern geht es so, wie es uns geht, wenn ein Mensch in unserem nahen Umfeld sterben muss. Wir sind innerlich aufgewühlt – nicht zuletzt auch von der Frage: Wo ist er, wo ist sie jetzt? Können wir noch in Kommunikation sein mit ihr oder ihm? Wie ist es denn zu verstehen, wenn jemand bereits im Himmel ist und wir sind hier auf der Erde – noch hier auf der Erde?

Den Jüngern ging es nicht anders. Der von ihnen verehrte und geliebte Jesus entschwindet vor ihren Augen in den Himmel – entschwindet einfach. Aber sie wissen, dass er ihnen dorthin nur vorausgeht, wohin er sie alle holen und begleiten wird.

Man kann sich fragen, was sich für Jesus seit seiner Geburt in Betlehem bis zur Himmelfahrt verändert hat: Er hat die Erfahrung des Menschseins auf allen Ebenen in der großen Freude, aber auch in der Fülle des Leides erlebt. Die Maler haben im Laufe der Kirchengeschichte die Himmelfahrt Jesu oft mit seinem von den Wundmalen des Kreuzes gezeichneten, aber verklärten Leib dargestellt. Er nimmt also seine Erfahrungen, die er auf dieser Erde gemacht hat, mit in den Himmel; er weiß, wie es uns Menschen geht und wie sehr wir der Barmherzigkeit und des Lichtes Gottes bedürfen in unsern Ängsten und unserer eigenen Sehnsucht nach Licht.

Am Fest Christi Himmelfahrt feiern wir die Durchlässigkeit unserer Existenz hinein in die göttliche Welt.

Wohin unser Weg am Ende unseres Lebens gehen wird, ist in der Himmelfahrt Jesu offenbar geworden.

In der Liturgie der Gemeinden kommt das Fest Christi Himmelfahrt in der Regel nicht sehr prominent zum Zuge, es ist aber spirituell ein sehr ernst zu nehmendes Fest.

Das hat mit uns zu tun

Die Bilder, die in uns aufsteigen, wenn wir diese Texte aus der Bibel hören, können verschieden sein. Aber dass uns auch gedanklich Menschen aus dem Blick verschwinden und wir sie dann nicht mehr körperlich wahrnehmen, ist vielen von uns nicht fremd. Die Verstorbenen aus unserem nahen Umfeld sind uns ja auch nicht mehr in direkter Kommunikation zugänglich. Es ist sogar gut, wenn wir sie »gehen lassen« und uns nicht an sie klammern und auch sie sich nicht an uns klammern.

Ähnliche Situationen, wie ich sie am Sterbebett eines 47-jährigen Vaters erlebt habe, begegnen auch uns in unserem Leben. Der Atem des Mannes ging nur noch unregelmäßig, und als er dann sein Leben in einem letzten Atemzug aushauchte, wurde es ganz still im Raum. Die Tränen, der Schock und dann nach einiger Zeit die bange Frage: »Wo ist er jetzt hingegangen? Ist er noch unter uns hier im Zimmer, oder verabschiedet er sich schon räumlich von uns?« Den Jüngern ist es ähnlich ergangen. Nur, sie konnten sehen, wie Jesus in den Himmel aufgefahren ist und ihren Blicken entzogen wurde, da er sich ihnen schon in verklärter Gestalt gezeigt hatte.

Das sollen Kinder verstehen

Jesus kehrt heim zu seinem Vater im Himmel. Er hat seine Aufgaben für uns Menschen in dieser Welt erfüllt und geht zurück zu Gott, von dem er hergekommen ist.

Kinder können die Durchlässigkeit von Himmel und Erde, von Erde und Himmel in der Regel sehr gut verstehen.

Jesus tröstet seine Jünger und verspricht ihnen, dass an Pfingsten der Heilige Geist kommen, dass er sie trösten und begleiten wird alle Tage ihres Lebens.

Daran können Kinder auch verstehen lernen, wie der innere Zusammenhang zwischen Gott – Jesus – Heiliger Geist ist. Indem Jesus zu seinem Vater in den Himmel zurückkehrt, bleibt Jesus im Heiligen Geist in dieser Welt den Menschen gegenwärtig und nahe. Der Heilige Geist ist die lebendige Anwesenheit Jesu in unserem Leben und durch die Geschichte hindurch. Vater – Sohn – Heiliger Geist sind ein Gott. Wir glauben nicht an drei Götter, sondern an den einen Gott, der sich für uns in drei Personen bis in Ewigkeit zuwendet und zu dem wir gehören.

Das können wir miteinander tun

Mit Begeisterung malen Kinder die »Himmelfahrt Jesu«. Sie können sich so in ihrer Kreativität und kindgemäßen Vorstellungskraft damit eigenständig auseinandersetzen. Wenn Kinder darauf einsteigen wollen:

Male, wie Jesus in den Himmel zu seinem Vater geht, und male ein zweites Bild, wie Menschen, die sterben, zu Gott gehen und dort bei Gott eine Wohnung bekommen.

Eine Gebärde (entwickelt von Ulrike Mayer-Klaus) kann den Inhalt wie folgt zusammenfassen:

Gesprochener Text:	**Gebärde dazu:**
Meine kleine Welt	*Sich nach vorne beugen und mit den Händen den Boden berühren.*
verbinde ich mit dem Himmel	*Sich aufrichten und die Hände nach oben zum Himmel strecken.*
und mit allen Menschen.	*Die Hände rechts und links mit geöffneten Handflächen in die Waagrechte (Körperkreuz) führen.*
Und ich weiß, Gott,	*Hände zusammenführen*
du bist da.	*und vor der Brust falten.*

Man kann diese Haltung mehrmals wiederholen!

Schlussimpuls für Eltern

Wer sein Leben nicht auch vom Ende her denkt, nimmt ihm seine einmalige Bedeutung in Raum und Zeit.

Ich will unbedingt in den Himmel ganz nahe zu Gott. Mein Ziel ist es, nach vorn zu leben. Die Hoffnung auf morgen und übermorgen, die Hoffnung, dass ich eines Tages diesen meinen Körper verlasse und von Gott heimgeholt werde in die ewige Heimat bei ihm. Nach vorn leben ist das Progressivste, was wir Menschen tun können. Wir überschreiten damit die innerweltlichen Grenzzäune, wir überschreiten damit auch die Grenze des Todes, aber nicht aus eigener Kraft, sondern weil Gott selbst uns holen wird.

Am Abend vor dem Einschlafen stelle ich mir oft Gott als wärmendes Licht vor, das mein Leben durchdringt und auf das ich zugehen will.

Von Pfingsten und dem Heiligen Geist

ULRIKE MAYER-KLAUS

Was feiern wir an Pfingsten? Wie stark ist der Heilige Geist? Was kann der alles? Bewirkt der Heilige Geist nur Gutes? Können wir den heute auch noch irgendwo treffen oder sehen?

Das wissen wir dazu

Pfingsten ist neben Ostern und Weihnachten das dritte Hochfest im Kirchenjahr. Gefeiert wird es 50 Tage nach Ostern, woher auch sein Name rührt. *Pentecoste* hieß in der alten Sprache der Griechen, »der fünfzigste Tag«. Später wurde er eingedeutscht zu »Pfingsten«.

Inhaltlich stehen die Sendung des Heiligen Geistes und das Geburtsdatum der christlichen Kirche im Mittelpunkt.

Ganz ursprünglich war das Pfingstfest ein jüdisches Wallfahrtsfest, das 50 Tage nach Passah, dem Gedenken an den Auszug der Israeliten aus Ägypten, gefeiert wurde. Damals pilgerten nicht nur Juden aus aller Welt nach Jerusalem. Menschen aus verschiedenen Völkern und Religionen trafen sich zu dem Wallfahrtsfest. An diese Vielfalt von Menschen knüpft die Apostelgeschichte an, wenn sie vom gegenseitigen Verstehen berichtet über alle Sprachbarrieren und Kulturgrenzen hinweg (Apg 2,7–12).

Zuvor erfahren wir, wie die Geschichte nach Jesu Auferstehung und Himmelfahrt – aus dem Blick der Apostel – weiterging:

Die Freunde und Freundinnen Jesu versammelten sich an einem Ort, wo sie mit der wunderbaren Erfahrung vom Kommen des Heiligen Geistes erfüllt wurden. In Bildern vom »brausenden Sturm« und von »Feuerzungen« zeigte sich ihnen der Geist Gottes. Wind und Feuer tauchen bereits im Alten Testament als hör- und sichtbare Zeichen für die Gegenwart Gottes auf.

Die Erfahrung der Gegenwart Gottes im Pfingstereignis (Apg 2,1–13) gab den Jüngern eine neue Perspektive. Sie wussten nun, dass Gott durch den Heiligen Geist in der Welt handelt und wirkt. Sein Geist stiftet Gemeinschaft und Gemeinde, in der die Botschaft Jesu lebendig weitergegeben werden kann. Dieses Ereignis ist der Anfang der Kirchengeschichte. Der Heilige Geist sprengt alle örtlichen und zeitlichen Grenzen. Es vollzog sich in diesem Wunder nicht nur die Einlösung der Verheißung des Auferstandenen an den engeren Jüngerkreis, sondern an die gesamte Menschheit. Dies prophezeite Jesus, als er sagte:

> *»Ihr werdet die Kraft des Heiligen Geistes empfangen … und werdet meine Zeugen sein … bis an die Grenzen der Erde« (Apg 1,8).*

Das hat mit uns zu tun

Die Bilder von Feuer und Wind, mit denen die Bibel das Wirken des Heiligen Geistes beschreibt, sind Kindern ebenso vertraut wie Erwachsenen. Es ist deshalb sinnvoll, an die jeweiligen Symbole anzuknüpfen, um Kindern die Wirklichkeit des Geistes Gottes zu vermitteln.

Der Inhalt des Pfingstereignisses spricht eine Sehnsucht an, die in jedem Menschen – mehr oder weniger – schlummert; den Wunsch, in der Trägheit und Niedergeschlagenheit, im Alltäglichen des Lebens einen Antrieb und Impuls für das Besondere und Kostbare, für die eigene Lebendigkeit und für erfülltes Leben zu bekommen – umsonst und im richtigen Augenblick! Das klingt verlockend! Entscheidend dabei ist, ob wir das glauben und hoffen können, ob wir diesen Geist Gottes erbitten möchten – auch für uns, auch wenn er dann unseren Einsatz fordert!?

Das sollen Kinder verstehen

An Pfingsten feiern wir das Kommen des Heiligen Geistes in unsere Welt.

Die Bilder von Wind und Sturm sagen uns, dass der Geist Gottes in unserer Welt und in jedem Einzelnen von uns etwas Gutes bewegen will. Wir können uns öffnen lassen und aufmerksam werden für die Wirkungen des Geistes Gottes in unserem Alltag.

Das können wir miteinander tun

Vorbereitung: ein schwarzes und ein rotes Tuch, Kerze, gelbes und orangefarbiges Papier, Stifte.
Alle versammeln sich um einen Tisch im Kreis.

Gespräch mit den Kindern

Was Wind alles bewirken kann: Er

- streichelt
- kühlt oder wärmt (je nach Temperatur)
- bewegt leichte Gegenstände
- verändert …

Ich erzähle euch jetzt eine Geschichte vom Geist Gottes, von Gottes Heiligem Geist. Er ist wie ein Wind zu den Freunden Jesu gekommen. Sie spüren diesen Wind. Und er bewegt etwas in ihren Herzen.

Erzählung vom Pfingstereignis

Die Freunde von Jesus sitzen zusammen.
Maria, die Mutter Jesu, ist dabei.
Seine Jünger und noch viele andere Männer
und Frauen sind auch da.
Sie denken an Jesus, der nicht mehr unter
ihnen sein kann.
Er ist im Himmel bei Gott.
Immer wieder erzählen sie einander von Jesus,
was sie mit ihm erlebt haben, was er gesagt
und getan hat.
Manchmal sind sie traurig, weil Jesus nicht mehr da ist.
Sie fühlen sich etwas allein ohne ihn.

Impuls

Wenn jemand traurig ist, dann sieht man das demjenigen an.

Die Kinder sind eingeladen, einen entsprechenden Gesichtsausdruck bzw. eine entsprechende Haltung einzunehmen.
Dazu mit einem schwarzen Tuch um die Tischgruppe gehen.
Dieses dunkle Tuch wird anschließend in die Mitte gelegt.

Wie die Freunde und Freundinnen so dasitzen,
geschieht auf einmal etwas Besonderes:
Ein starker Wind tost und braust.
Ein Sturm zieht auf.
Sie merken: Es ist kein gewöhnlicher Sturm.
Der Sturm kommt von Gott.
Er stößt die Fenster des Hauses auf.
Er bläst ihnen ins Gesicht.
Er vertreibt ihre Traurigkeit.
Sie spüren auf einmal neues Leben in sich.

Wie die Freunde und Freundinnen jetzt aussehen (Haltung, Gesichtsausdruck), dürfen die Kinder zeigen. Dazu mit einem roten Tuch um die Tischgruppe gehen.
Dieses Tuch findet wiederum in der Mitte über dem schwarzen Tuch seinen Platz.

Auch Feuer ist im Haus zu sehen.
Es ist ein besonderes Feuer.
Das Haus verbrennt nicht.
Aber das Feuer wärmt und bringt helles Licht.
Auf jeden der Anwesenden lässt sich eine
Feuerzunge nieder.
Alle können es sehen.

Die Kerze in die Mitte auf das rote Tuch stellen.

Da merken alle: Wir sind doch nicht allein.
Gott ist uns nahe im Heiligen Geist.
Sie freuen sich und singen und loben Gott.
In schnellen Schritten verlassen sie das Haus.
Sie erzählen allen Leuten: Freut euch mit uns.
Gottes Heiliger Geist ist da!

Anschließend können aus gelbem und orangenem Papier Feuerzungen ausgeschnitten werden.

Alle notieren in einem Satz oder Stichwort (jüngere Kinder malen), was sie sich vom Heiligen Geist wünschen, erhoffen, z. B.
Mut, etwas zu sagen
Freude
Trost, wenn ich mich traurig fühle
jemand zur Seite, wenn ich allein bin …

Lied: Unser Leben sei ein Fest

(Text: Josef Metternich-Team, Kurt Rose / Melodie: Peter Janssens, aus: *Meine Lieder* © Peter Janssens Musik Verlag, Telgte-Westfalen 1992)

Schlussimpuls für Eltern

Friedensfürst

als er sich
von seinen freunden
verabschiedete
hängte er ihnen
keine orden
an die brust
stufte er sie
keine gehalts-
gruppe höher
beförderte er sie
nicht auf den
oberen posten
verlieh er ihnen
keinen titel
als er sich
von seinen freunden
verabschiedete
gab
er ihnen
seinen
langen
atem
(Wilhelm Bruners)[14]

Von Beschützern und himmlischen Boten (Schutzengelfest)

HEIKE HELMCHEN-MENKE

Haben Engel Flügel? Ist ein Engel ein Mann oder eine Frau? Wohnen Engel im Himmel? Beschützt mich ein Engel? Wie sieht ein Engel aus?

Das wissen wir dazu

Engel sind aus dem Christentum nicht wegzudenken. In der Bibel kommen sie im Alten und im Neuen Testament mehr als 300-mal vor, und die Bibel erzählt lebensnahe Engelgeschichten. Der Theologe Herbert Vorgrimler beschreibt es so: Gott sendet seine Engel in verschiedenste Situationen – zu Beginn des Lebens wie auch an dessen Ende und in all die schweren Entscheidungssituationen, die dazwischenliegen. In biblischen Erzählungen begleiten die Engel, trösten, stehen bei, verkünden, erscheinen im Traum und bringen auf verschiedene Weise Gottes Botschaft. Sie unterbrechen den Alltag und zeigen den Menschen etwas von dem, was hinter dem Alltäglichen steht. Engel stehen dabei im Dienst Gottes. Der Begriff Engel kommt vom griechischen Wort angelos (»Bote«). Engel sind die Boten Gottes. Nicht die Engel sind verantwortlich für ihre Botschaften, sondern Gott als der Absender. Der Ort der Engel ist in Gottes Nähe. Deshalb ist überall dort, wo in der Bibel von Engeln die Rede ist, Gott nicht weit. Der Ausdruck »Engel des Herrn« steht daher manchmal sogar für Gott selbst. Eine Begegnung mit einem Engel muss für die betroffenen Menschen zunächst erschreckend gewesen sein. Denn die Engel beginnen ihre Botschaft mit dem Ruf »Fürchte dich nicht!«.

Engel sind nicht nur Boten Gottes. Die Bibel zeigt sie auch in ihrer Rolle als Schutzengel für einzelne Menschen:

Abraham verspricht seinem Knecht vor einer Reise, dass Gott seinen Engel vor ihm her senden werde, damit auf dem Weg alles gut geht (Gen 24,7). Als Jakob seine Enkel segnet, spricht er von »seinem« Engel (Gen 48,16). Im Buch Exodus verspricht Gott den Menschen auf dem Weg ins gelobte Land: »Siehe, ich sende einen Engel vor dir her, damit er dich auf deinen Wegen behüte und dich an den Ort führe, den ich bestimmt habe« (Ex 23,20). Eine besondere Schutzengelgeschichte wird im Buch Tobit erzählt. Dort wird der junge Tobias auf seiner abenteuerlichen Reise, bei der er vom Jugendlichen zum Erwachsenen heranreift, von Rafael begleitet. Dieser Rafael entpuppt sich in der Rückschau als Engel Gottes. Im Neuen Testament wird erzählt, dass Petrus von »seinem« Engel aus dem Gefängnis befreit wird (Apg 12,15); im Matthäusevangelium können wir lesen, dass Jesus selbst von Schutzengeln gesprochen hat, wenn er sagt, dass die Kinder Engel haben, die Gottes Angesicht sehen (Mt 18,10). Auf all diese Quellen stützt sich der Glaube an die Schutzengel. Die Verehrung der Engel im Gottesdienst hat sich im 15. und 16. Jahrhundert verbreitet. Dabei spielte besonders der Erzengel Michael eine besondere Rolle, dessen Festtag der 29. September ist (zusammen mit Gabriel und Rafael). 1670 hat Papst Klemens X. das Schutzengelfest für die ganze Kirche auf den 2. Oktober gelegt.

Das hat mit uns zu tun

Der Glaube an Engel erlebt in unserer Zeit eine ungeahnte Renaissance. Sie bevölkern Schaufenster, Dekorationsabteilungen in Kaufhäusern, Kataloge, Buchdeckel usw. Auch wenn die Kommerzialisierung, das Verkitschen oder auch die Vereinnahmung in der Esoterik mit der christlichen Vorstellung nicht viel zu tun haben, so sind Engel doch ein Teil der christlichen Religion. Engel vermitteln als Boten Gottes Geborgenheit – besonders in ihrer Rolle als Schutzengel: Sie offenbaren Gottes Nähe, die auf eine unergründliche Art Schutz und Hilfe bedeutet. Und das entlastet uns als Eltern enorm. Wir können im Zusammenleben mit unseren Kindern nicht immer da sein; wir müssen sie ihre eigenen Wege gehen lassen, aber wir können darauf vertrauen, dass sie dabei nicht allein sind. Auch durch Schutzengel begleitet Gott die Menschen.

Es sind aber nicht nur himmlische Boten, die den Menschen Gottes Liebe übermitteln. Denn Engel müssen, wie Rudolf Otto Wiemer in seinem berühmten Gedicht *Engel* zum Ausdruck gebracht hat, »keine Männer mit Flügeln sein … Sie gehen leise … Sie haben kein Schwert, kein weißes Gewand, die Engel. Vielleicht ist einer, der gibt dir die Hand oder er wohnt neben dir, Wand an Wand, der Engel …« Ein schöner Gedanke: Einer kann dem anderen zum Engel werden. Auch das ist etwas, an das uns das Schutzengelfest erinnert. Indem wir andere Menschen mit Gott bekannt machen, ihnen zeigen, wie christliches Leben aussieht, und sie es erleben lassen, werden wir zu Boten Gottes. Die christliche Religion ist darauf angewiesen, dass jede Generation neu damit vertraut gemacht wird, wer Jesus ist, wer Gott ist und wie wir miteinander leben können. Dafür brauchen Kinder und Erwachsene religiöse Erfahrungsräume, in denen sie von Gott hören und Lebenserfahrungen als spirituelle Erlebnisse deuten können.

Das sollen Kinder verstehen

Besonders Kinder schätzen die himmlischen Begleiter, die ihnen zum Beispiel im Bild des Schutzengels Geborgenheit, Schutz und Vertrauen vermitteln können. Die biblischen Erzählungen, in denen von Begegnungen mit Engeln die Rede ist, sind für Kinder besonders eindrücklich. Gerade sie haben ein Gespür dafür, dass die sichtbare Welt nicht alles ist. Die Vorstellung von Schutzengeln kann uns auch an Entwicklungsmöglichkeiten, die in uns stecken, erinnern. Das können wir unseren Kindern vermitteln. Diese Zusage kann ihre Persönlichkeitsentwicklung positiv prägen und ihre Resilienz stärken. Die Vorstellung, dass Schutzengel uns begleiten, zeigt den Jungen und Mädchen, dass wir in unserem Leben nicht alles allein schaffen müssen: Gott unterstützt uns. Die Engelerzählungen vermitteln ihnen, dass es Möglichkeiten gibt, mit dem Größeren hinter allem in Kontakt zu kommen, und dass man davor keine Angst haben muss.

Das können wir miteinander tun

Das biblische Buch Tobit zeigt für Heranwachsende in einer spannenden Geschichte, dass Gott den Menschen durch einen Schutzengel auf der Lebensreise begleitet. In dieser Geschichte liegt der Fokus auf dem Größerwerden und dem Selbständigwerden.

Die Geschichte von Tobit und seinem Sohn Tobias

Tobit und Hanna sind verheiratet. Sie leben vor langer Zeit im Land Israel. Tobit lebt so, wie es Gott gefällt. Einmal hat er einen Unfall und wird dadurch blind. Er wünscht sich, dass er wieder sehen kann. Und er hat noch einen weiteren Wunsch. Hanna und Tobit haben einen Sohn, der so alt ist, dass er bald heiraten kann. Tobit wünscht sich, dass Tobias eine gute Frau findet, die auch an den Gott Israels glaubt. Er schickt Tobias auf eine Reise in ein entferntes Land. Dort soll er bei einem Bekannten Geld abholen, das der Vater dem Mann vor langer Zeit geliehen hat.

Tobit betet, dass Gott auf ihn schauen und seine Bitten erhören möge. Tobits Gebete wurden tatsächlich erhört, denn Gott sendet Rafael. Tobias sucht einen Führer für die weite Reise und er findet Rafael, der den Weg in das ferne Land kennt. Rafael ist ein Engel, aber Tobias weiß das nicht. Rafael begleitet Tobias. Der Vater erinnert Tobias daran, dass alles Gute von Gott kommt, und er gibt den beiden den Reisesegen: »Gott, der im Himmel wohnt, wird euch auf eurer Reise begleiten; sein Engel möge euch begleiten.« Am Abend rasten sie an einem Fluss. Als Tobias ans Wasser kommt, springt ein Fisch hoch. Der Engel ruft ihm zu, den Fisch zu fangen. Und er rät Tobias, die Galle des Fisches aufzubewahren: Wenn man die Augen eines Blinden damit bestreiche, dann könne er wieder sehen. Zum Übernachten kommen sie zum Haus eines Verwandten von Tobias' Familie. Dort werden sie freundlich aufgenommen. Es ist Rafael, der Tobias auf die Tochter des Verwandten aufmerksam macht. Sie heißt Sara; sie ist klug und schön. Rafael hilft bei einigen Schwierigkeiten, sodass Tobias und Sara schließlich heiraten können. Sie feiern ein Hochzeitsfest, das 14 Tage dauert. Tobias bittet Rafael, das Geld bei dem Bekannten des Vaters abzuholen und dann zur Hochzeit zu kommen.

Als Tobias zusammen mit Sara und Rafael zu seinen Eltern nach Hause zurückreist, gibt Saras Vater ihm sein halbes Vermögen mit. So kehrt Tobias als reicher und als glücklich verheirateter Mann zurück. Tobias dankt Gott dafür, dass seine Reise so erfolgreich war. Als sie nach Hause kommen, läuft ihm seine Mutter Hanna schon entgegen. Sie freut sich und umarmt ihren Sohn. Auch der blinde Tobit läuft seinem Sohn entgegen. Er stolpert, und Tobias fängt ihn auf. Wie der Engel es ihm gesagt hat, nimmt er jetzt die Galle des Fisches und streicht davon seinem Vater auf die Augen. Und Tobit kann wieder sehen! Er umarmt seinen Sohn und lobt Gott: »Ich lobe dich, Gott, und alle deine Engel!« Voller Freude gehen alle ins Haus und Tobias erzählt, was er auf der Reise Wunderbares erlebt hat. Die Eltern nehmen Tobias' Frau Sara herzlich auf. Und weil Tobias' Eltern bei der Hochzeit nicht dabei waren, feiern alle zusammen ein großes Fest.

Tobias möchte seinem Begleiter Rafael danken für alles, was er Gutes für ihn getan hat. Er will ihm die Hälfte des ganzen Reichtums geben, den er von der Reise mitgebracht hat. Der Engel aber sagt zu Tobit und Tobias: »Lobt Gott, denn er hat mich zu euch gesandt, damit Tobit wieder gesund wird und Tobias eine gute Frau findet. Ich bin ein Engel und war immer bei euch.« Da erschrecken Tobit und Tobias. Der Engel jedoch sagt: »Fürchtet euch nicht! Friede sei mit euch. Nicht weil *ich* euch etwas Gutes tun wollte, bin ich zu euch gekommen, sondern weil unser Gott es wollte. Darum dankt und lobt Gott. Ich kehre wieder zurück zu Gott.« Und Tobit und Tobias sehen den Engel nicht mehr. Aber sie erzählen überall, welche wunderbaren Dinge Gott getan und dass er ihnen einen Engel zum Schutz gesandt hat.
(von Heike Helmchen-Menke erzählt nach dem Buch Tobit)

Nach der Erzählung singen die Erwachsenen mit den Kindern das Lied »Gott hat mir längst einen Engel gesandt«. Durch den Liedtext kann die Tobit-Erzählung auf das Leben der Kinder bezogen werden. Es zeigt mit eindrücklichen Bildern, wie sich die Präsenz des Schutzengels auswirkt: »Der Engel hält meine Hand«, »Der Engel führt mich durchs Leben«, »Mein Engel bringt in Dunkelheit mir Licht«, und er sagt in schweren Zeiten: »Fürchte dich nicht, denn du bist bei Gott aufgehoben«. Das Lied kann auch immer wieder innerhalb eines Abendrituals mit dem Kind gesungen werden.

Lied: Gott hat mir längst einen Engel gesandt

(Text: © Eugen Eckert / Musik: © Thomas Gabriel)

Kreative Umsetzung: Ein verborgener Engel wird sichtbar

Nach einer Idee von Ulrike Wilborn und Angelika Oesterle, Backnang

Vorbereiten: Einen weißen Tonkarton für jedes Kind, weiße Wachskreide, die nicht wasserlöslich ist, kräftige Wasserfarben, Pinsel.
Die Erwachsenen bereiten für jedes Kind einen Tonkarton vor. Darauf malen sie, ohne dass die Kinder das mitbekommen, mit der weißen Wachskreide einen Engel. Wenn die Kinder schon lesen können, dann schreiben sie noch dazu: »Gottes Schutzengel begleitet Tobias – und dich!« Die Zeichnung und die Schrift sind auf dem weißen Tonkarton zunächst nicht zu sehen. Die Kinder dürfen nun mit Wasserfarben in einer Farbe ihrer Wahl den scheinbar leeren Tonkarton bemalen. Beim Übermalen werden nun die Engelsfigur und die Schrift sichtbar.

Schlussimpuls für Eltern

Liebe Freunde, der Herr ist immer nahe und wirkt in der Geschichte der Menschheit, und er begleitet uns auch mit der einzigartigen Gegenwart seiner Engel, die die Kirche heute als »Schutzengel« verehrt, das heißt als Diener der göttlichen Sorge um den Menschen. Von Anbeginn bis zur Stunde des Todes ist das menschliche Leben von ihrer unablässigen Obhut umgeben.
(Papst Benedikt XVI., Angelusgebet am 2. Oktober 2011)

Vom Danken für die Lebensgrundlagen (Erntedank)

HEIKE HELMCHEN-MENKE

Warum bringen wir Körbe mit Obst und Gemüse in die Kirche? Wieso soll ich Gott für die Ernte danken, das machen doch Menschen und Maschinen? Warum bauen wir einen Erntealtar auf?

Das wissen wir dazu

Das Erntedankfest gibt es im Christentum etwa seit dem 3. Jahrhundert. Es wird seit den 1970er Jahren meistens am ersten Sonntag im Oktober gefeiert. In einem besonders gestalteten Gottesdienst danken wir für die Ernte des Jahres und für alles, was wir zum täglichen Leben zur Verfügung haben. Es scheint ein Urbedürfnis von Menschen zu sein, einer höheren Macht für die Erntegaben zu danken. In den meisten Religionen gibt es für den Dank besondere Rituale. Sie zeigen auch, dass sich Menschen dieser höheren Macht anvertrauen, weil sie wissen und erleben, dass bei aller menschlichen Mühe und Arbeit der Erfolg von Ernten und Viehzucht eben nicht nur in menschlicher Hand liegt. Der Erfolg hängt vielmehr vom Naturkreislauf ab und davon, dass dieser Kreislauf Jahr für Jahr für den Ackerbau günstig verläuft. In vielen Gemeinden werden im Zusammenhang des Erntedankfestes auch Solidaritätsaktionen zugunsten hungernder Menschen durchgeführt.

Das hat mit uns zu tun

Naturkatastrophen wie Überschwemmungen und Dürre lassen in anderen Ländern Ernteausfälle zur echten Gefahr für die Bevölkerung werden, wenn es zu Hungerkatastrophen kommt. In unseren Breitengraden steigen nach Ernteausfällen lediglich die Preise für Lebensmittel. Und doch wird deutlich, dass die Sicherung unserer Lebensgrundlagen auch in unserem technisierten Zeitalter jedes Jahr neu davon abhängt, dass die Bedingungen für Ackerbau und Viehzucht günstig sind.

Das sollen Kinder verstehen

Auch wenn vielen Kindern, insbesondere denjenigen, die im städtischen Umfeld aufwachsen, die Vorgänge vom Säen bis zum Ernten nicht unmittelbar vertraut sind, so wissen auch sie, dass die Lebensmittel, die sie im Supermarkt kaufen, dort nicht wachsen. Es ist hilfreich, wenn Kinder erfahren, dass auch die Erwachsenen das breite Angebot an Lebensmitteln nicht einfach als selbstverständlich hinnehmen, sondern zeigen, dass sie dafür dankbar sind. Gott hält und erhält die Welt, jeden Tag wieder – darauf vertrauen wir und auch dafür danken wir am Erntedankfest. Für Kinder ist es für die Entwicklung ihrer Weltsicht hilfreich, wenn sie erkennen, dass wir beim Zusammenhang von Säen und Ernten, von Wetter und Wachsen, von Pflegen und Wachsenlassen für Gottes Wirken dankbar sein können. Um dieser Dankbarkeit Ausdruck zu verleihen, bauen wir am Erntedankfest einen Erntealtar auf oder bringen Erntekörbchen mit in die Kirche. Auf diese Weise vermitteln wir den Kindern, dass Gott die Welt nicht einfach irgendwann einmal erschaffen und dann sich selbst überlassen hat. Gott schenkt uns die Welt jeden Tag neu, und er hält sie in seinen Händen.

Das können wir miteinander tun

An Erntedank feiern wir den Dank für die ganze Schöpfung. Eine Möglichkeit ist es, mit jüngeren Kindern die biblische Schöpfungserzählung (Gen 1,1–2,4a) anschaulich werden zu lassen.

Vorbereitung: Eine Kerze, eine Schale mit Blumen- oder Gartenerde; ein grüner Zweig und/oder Blume; ein Laib Brot und Gemüse (Blumenkohl, Brokkoli o. Ä.), ein Holz- oder Stofftier; ein Wasserkrug, eine Kerze und Streichhölzer sowie Tücher: braun (2x), gelb, weiß, rot, grün, schwarz.

Das braune Tuch wird auf einen Tisch gelegt und darauf eine Schale mit Erde gestellt. Alle dürfen nun einmal die Schale zu sich nehmen und sich Erde durch die Finger rieseln lassen.

Das ist eine Handvoll Erde von draußen. Auf der Erde laufen und spielen wir. In dieser Erde wachsen Bäume und Gemüse. Gott hat uns diese Erde und die ganze Welt geschenkt. Er schenkt uns die Erde, weil wir darauf leben dürfen. Und Gott hält seine Hände über diese Erde.

Und was gibt es alles auf unserer Erde, in unserer Welt? Ich habe hier einige Tücher. Ganz verschiedene Farben. Das Tuch in der Mitte ist braun wie die Erde. Hier habe ich noch ein Tuch, gelb wie die Sonne. Und hier ist ein schwarzes Tuch, das ist dunkel wie die Nacht. Auch die Dunkelheit möchte ich an unsere Erde anlegen. Das weiße Tuch ist wie die Wolken des Himmels und wie der Wind, der die Wolken umhertreibt. Das grüne Tuch ist grün wie die Blätter an einem Baum, wie Blumen und Sträucher und auch grün wie eine Wiese. Und das rote Tuch? Das rote Tuch soll uns heute an das Feuer erinnern. Sonne, Dunkelheit, Wasser, Himmel, Wolken, Bäume, Blumen und Feuer – das alles gehört zu der Welt, in der wir leben. Das alles hat Gott uns geschenkt. Das alles gehört dazu, und natürlich auch wir. Gott hält auch uns in seinen Händen.

Alle bilden einen Kreis und halten sich an den Händen.

Deswegen singen wir zusammen:

Lied: Er hält die ganze Welt

2. Er hält den Tag und die Nacht in seiner Hand,
er hält die Erde und den Himmel in seiner Hand,
er hält das Land und das Meer in seiner Hand,
er hält die Welt in seiner Hand.

3. Er hält die Sonne und den Mond in seiner Hand,
er hält den Wind und den Regen in seiner Hand,
er hält den großen Regenbogen in seiner Hand,
er hält die Welt in seiner Hand.

4. Er hält die Bäume und die Büsche in seiner Hand,
er hält die Tiere auf dem Felde in seiner Hand,
er hält die Vögel und die Blumen in seiner Hand,
er hält die Welt in seiner Hand.

5. Er hält den Vater und die Mutter in seiner Hand,
er hält den Bruder und die Schwester in seiner Hand,
er hält das süße kleine Baby in seiner Hand,
er hält die Welt in seiner Hand.

6. Er hält auch dich und mich, mein Bruder, in seiner Hand,
er hält auch dich und mich, mein' Schwester, in seiner Hand,
er hält auch euch, meine Freunde, in seiner Hand,
er hält die Welt in seiner Hand.

Traditional (He's Got the Whole World)
(Text / Melodie: Negro Spiritual; Deutsche Textfassung: Klaus Heizmann

Es gibt so viel auf der Erde, in unserer Welt. Alles hat uns Gott geschenkt, und dafür können wir danken: Ich möchte für die Erde danken, für die Welt, in der wir leben. Auf ihr laufen wir, auf ihr spielen und toben wir und auf ihr wächst alles. Das Getreide und das Gemüse.

Die Kinder dürfen Brot und Gemüse auf das braune strahlenförmige Tuch legen und eigenen Dank formulieren.

Davon werden wir satt und können wachsen. Besonders am Erntedankfest zeigen wir diesen Dank.

Ich möchte für die Sonne danken. Sie ist schön, sie scheint am Tag, auch wenn wir sie nicht immer sehen. In ihrer Wärme wachsen die Blumen, Wiesen und Bäume.

Die Kinder dürfen aus Kartonpapier die Sonne mit ihren Strahlen auf das gelbe Tuch legen und ergänzen, wofür sie danken möchten.

Ich möchte für die Dunkelheit danken. Da können wir schlafen und uns ausruhen.

Ein Kissen auf das schwarze Tuch legen lassen und eigenen Dank formulieren.

Ich möchte für den Himmel und die Wolken danken. Die Wolken lassen den Regen fallen, den wir für die Ernte brauchen. Das Wasser löscht den Durst. Es lässt die Pflanzen wachsen, es tränkt die Tiere.

Die Kinder Stofftiere und einen Krug Wasser auf das weiße Tuch legen lassen und ihren eigenen Dank formulieren lassen.

Ich möchte für die Blumen, die Bäume, die Sträucher und die Wiesen danken. Darauf können wir spielen, spazieren gehen und Blumen pflücken.

Die Blume und den Zweig auf das grüne Tuch legen und die Kinder ihren eigenen Dank sprechen lassen.

Ich möchte für das Feuer danken. Damit können wir kochen, was wir geerntet haben.

Die Kerze auf das rote Tuch stellen und die Kinder Dank sprechen lassen.

Ich möchte für die anderen Kinder und alle Menschen danken. Mit ihnen können wir spielen, reden, arbeiten, leben und feiern. Wir können gemeinsam fröhlich, traurig und glücklich sein.

Einen Kreis bilden; alle fassen sich an den Händen.

Gebet

Guter Gott, du hast uns alles geschenkt, den Himmel und die Erde, die ganze Welt, in der wir leben. Von dir kommt alles – das Licht der Sonne am Tag, das Licht des Mondes und der Sterne bei Nacht. Von dir kommt unsere Erde und alles, was wir von ihr zum Leben bekommen: das Wasser, die Blumen und Bäume, die Tiere und die anderen Menschen. Besonders danken wir für die Ernte. Amen.

Schlussimpuls für Eltern

Alles hat seine Stunde und für jedes Vorhaben unter dem Himmel gibt es eine Zeit: Eine Zeit zum Gebären und eine Zeit zum Sterben, eine Zeit zum Pflanzen und eine Zeit, die Pflanzen abzuernten, eine Zeit zum Weinen und eine Zeit zum Lachen, eine Zeit zum Klagen und eine Zeit zum Tanzen, eine Zeit zum Steinewerfen und eine Zeit zum Steinesammeln, eine Zeit zum Umarmen und eine Zeit, sich der Umarmung zu enthalten, eine Zeit zum Suchen und eine Zeit zum Verlieren, eine Zeit zum Aufbewahren und eine Zeit zum Wegwerfen, eine Zeit zum Zerreißen und eine Zeit zum Nähen, eine Zeit zum Schweigen und eine Zeit zum Reden.
(Aus dem biblischen Buch Kohelet (3,1–7))

Vom Tod und vom Leben (Allerseelen)

HEIKE HELMCHEN-MENKE

Wohin gehen die Toten? Wohnen die Toten auf dem Friedhof? Ist mit dem Tod alles zu Ende?

Das wissen wir dazu

Im Herbst ist das Totengedenken bei den Kirchen, aber auch in der Gesellschaft verankert. An Allerseelen feiern die Christen, dass die Toten bei Gott sind. Diese Zusage ist der Kirche ein eigenes Fest wert. Papst Johannes XVIII. hat Allerseelen vor über 1000 Jahren als allgemeines Seelengedächtnis in der Kirche eingeführt. Am 2. November gedenkt die katholische Kirche aller Verstorbenen. Die evangelischen Christen feiern ihr Totengedenken am Ewigkeitssonntag, dem dritten Sonntag im November. Der Volkstrauertag am 18. November ist ein staatlicher Gedenktag. Hier gedenken die Menschen der Toten, die in den beiden Weltkriegen gefallen sind, und der Opfer von Gewaltherrschaft. Der Tag ist so auch ein Tag der Mahnung zu Versöhnung, Verständigung und Frieden.

Das hat mit uns zu tun

Allerseelen bietet Raum für die Trauer um verstorbene Angehörige oder Freunde und Bekannte. Die Toten zeigen uns, wo unsere Wurzeln sind, wo wir herkommen. Und sie erinnern uns daran, dass auch wir sterben werden. Allerseelen zeigt aber auch, dass mit dem Tod nicht alles zu Ende ist. Die christliche Vorstellung vom Leben nach dem Tod ist geprägt von der Vorstellung, dass die Toten bei Gott sind und dass wir auch nach dem Tod mit den Verstorbenen verbunden bleiben. Im Himmel trifft man alle wieder, die bereits gestorben sind. Und das wird nie langweilig. Im Himmel gibt es keine Zeit, der Himmel ist die Ewigkeit. Die dürfen wir uns vorstellen als einen einzigen »erfüllten Augenblick«. Eine Ahnung von Ewigkeit kann man bekommen in Momenten, in denen man die Zeit vergisst, z. B. beim Spielen oder Träumen.

Das sollen Kinder verstehen

Für Kinder ist es wichtig, zu erfahren, dass diejenigen, die auf dem Friedhof beerdigt wurden, dort nicht wohnen. Vielmehr feiern wir an Allerseelen, dass die Toten bei Gott sind.

Wir können auch heute Kindern vermitteln, dass wir mit den Menschen, die schon gestorben sind, verbunden bleiben. Die Toten sind nicht einfach abgeschrieben. All das können Kinder erleben und erfahren, wenn sie das Totengedenken mitfeiern.

Eine Frage, die Kinder immer wieder beschäftigt, ist, wohin wir gehen, wenn wir sterben. Die Bibel bietet für diese Frage einen reichen Bilderschatz, den wir den Kindern zugänglich machen können. Anlass dafür kann die Frage eines Kindes nach dem Leben nach dem Tod sein – oder ein Sterbefall, mit dem ein Kind konfrontiert wird. Ebenso kann Allerseelen (oder der Totensonntag o. Ä.) ein Anlass sein, um mit Kindern über den christlichen Horizont des Lebens nach dem Tod zu sprechen. Als Erwachsene können wir Kindern von biblischen Bildern für das Leben bei Gott (nach dem Tod) erzählen, um ihnen einen Zugang zur christlichen Erzähltradition zu eröffnen und ihnen eine (Bild-)Sprache anzubieten, die sie über das Ende des Lebens und ein Weiterleben nach dem Tod sprachfähig werden lässt. Diese biblischen Bilder unterstützen Kinder dabei, ihre Hoffnung, dass mit dem Tod nicht alles zu Ende ist, in Worte zu fassen. Sie werden mit diesen Bildern angeregt, über das Ende des menschlichen Lebens zu »theologisieren« und sich so mit Gegebenheiten auseinanderzusetzen, die nicht mess-, wieg- und zählbar sind.

Das können wir miteinander tun

Auch wenn niemand weiß, wie das Leben nach dem Tod aussieht, geben uns die Bilder der Bibel einige Hinweise, wie es vorstellbar ist. Zum Beispiel beschreibt Jesus den Ort, wohin wir gehen, wenn wir tot sind, mit dem Bild eines Hauses mit vielen Wohnungen (Joh 14,2–3). Im Buch der Offenbarung liest man, dass Gott alle Tränen abwischen wird. Der Tod wird nicht mehr sein, keine Trauer, keine Klage, keine Mühsal (Offb 21,4). Diese Bilder können auch bei Kindern die Hoffnung auf ein Leben nach dem Tod bei Gott stärken – für die Verstorbenen und auch für sie selbst. Die Mädchen und Jungen möchten von den Erwachsenen hören, welche Hoffnungen sie haben. Und dann können wir von der christlichen Hoffnung erzählen, dass das Leben eines jeden Menschen bei Gott aufgehoben, versöhnt und vollendet wird. Um mit Kindern der Toten aus der Familie oder dem Freundeskreis zu gedenken, eignen sich Fotos der Verstorbenen, Fotoalben oder auch Bilderbücher zum Thema Tod. Für einen Friedhofsbesuch gestalten Kinder gern ein »Besuchsgeschenk«, z. B. ein Grablicht, ein Gesteck aus immergrünen Pflanzen und einer Kerze, ein Bild oder einen bemalten Stein. Es bietet sich auch an, aus Naturmaterialien (Herbstblättern, kleinen Zweigen und Herbstblumen) ein Bodenbild oder ein Grabmandala zu gestalten, das später vom Wind fortgetragen wird. Für die Heranwachsenden ist die Lichtsymbolik besonders eindrücklich. Mit den Kerzen auf dem Grab geben wir der Hoffnung Ausdruck, dass wir auferstehen und dass die Toten im Licht Gottes sind – denn dort wohnen sie jetzt.

Einem Friedhofsbesuch kann eine kleine Feier zu Haus vorausgehen:

Vorbereitung: Ein großes gelbes Tuch (oder mehrere kleine gelbe Tücher), als Haus geformt in die Mitte legen. Ein Kreuz oder eine Kerze – und eine Kerze für jedes Familienmitglied – bereitlegen.

In unserer Mitte liegt ein Haus, ganz in Gelb: Es ist ein Lichthaus. In diesem Haus haben die Menschen Platz. Es ist ein Haus Gottes. Ein Himmelshaus. Es ist hell und freundlich. In diesem Haus geht es allen gut. Dort gibt es kein Leid. Hier sind alle Menschen nahe bei Gott. Und dieses Haus hat viele Wohnungen. Von diesem Haus erzählt uns Jesus. Bevor Jesus gestorben ist, hat er seine Freunde getröstet. Er hat ihnen Hoffnung gegeben. Er hat gesagt, dass die Toten bei Gott zu Hause sind. Und er hat den Menschen gesagt:

Text aus der Bibel vorlesen oder (nach)erzählen:

Lasst Euch nicht verwirren. Im Haus Gottes, meines Vaters, gibt es viele Wohnungen. Ich gehe und bereite einen Platz für euch vor (nach dem Johannesevangelium, Kapitel 14, Verse 1–6).

Gott hat uns versprochen, dass keine und keiner allein dorthin geht. Daher können wir zusammen singen:

Lied: Siehe, ich sende einen Engel vor dir her

(Musik: Siegfried Macht © Strube Verlag München-Berlin)

An verschiedenen Stellen in der Bibel wird uns davon erzählt, wie es in diesem Haus sein kann. Die Haustür ist weit offen. Jesus begrüßt uns in diesem Haus.

Ein Kreuz oder eine Kerze als Zeichen für Jesus auf das gelbe Tuch stellen.

Alle, die zu diesem Haus kommen, bringen ihr ganzes Leben mit. Sie erinnern sich, was sie Schönes erlebt haben, sie erinnern sich an ihre Freunde, an ihre Spiele, daran, wie sie froh waren. Und sie erinnern sich daran, wie es wehgetan hat, wenn sie sich gestritten haben. Alles nehmen die Menschen mit in dieses Haus.

Dort nimmt Gott ihnen ihre schwere Last wie einen Rucksack ab. Sie können sich ausruhen. Auch die kranken Menschen, die alten und gebrechlichen Menschen kommen herein. Gott macht sie gesund und heil. In diesem Haus beginnt man, über sich selbst zu staunen. Jeder sieht, wie Gott ihn von Anfang an gewollt hat. Jeder kann sehen, wie liebenswert er ist, weil Gott ihn gewollt hat. Und die Menschen können all das sehen, was nicht schön war. Allen Streit, alles Böse. Und Gott hält alles in seiner Hand und macht es heil; alles, was kaputt ist, macht Gott ganz. Und Gott wischt ihnen die Tränen ab. Die Menschen werden von Gott mit Frieden gesegnet. Aller Streit ist zu Ende.

Jedes Kind stellt eine Kerze zum Haus.

Das Haus ist hell, es ist warm dort, und durch die Kerze können wir eine Verbundenheit zu diesem Haus herstellen. Jesus hat den Menschen versprochen, dass er für jeden einen Platz in diesem Haus vorbereitet.

Alle singen noch einmal das Lied.

Im Anschluss an diese Feier kann ein Erwachsener die Kinder fragen, was sie sich vorstellen, wohin Menschen gehen, die gestorben sind. Oder auch, wo sie selbst hingehen werden, wenn sie tot sind. Die Kinder haben dann die Möglichkeit, darüber zu sprechen und sich auszutauschen.

Schlussimpuls für Eltern

Aber wie sollen wir mit den Toten leben können, leben in der einen Wirklichkeit unserer und ihrer Liebe, wie ein Fest aller Toten feiern? Ist das denn einfach darum schon möglich, weil Gott ein Gott der Lebendigen und nicht der Toten ist, weil sein Wort und sogar die Weisheit der Welt sagt, dass diese Toten noch leben?
(Karl Rahner)[15]

Vom Teilen und vom Finden des Lebensweges (St. Martin)

HEIKE HELMCHEN-MENKE

Warum gehen wir an St. Martin mit Laternen durch die Straßen? Warum reitet Martin auf einem Pferd? Warum hat Martin seinen Mantel geteilt und nicht ganz verschenkt? Warum essen wir Martinsgänse?

Das wissen wir dazu

Martin von Tours wurde im Jahr 316 als Sohn eines römischen Offiziers im heutigen Ungarn geboren. Mit 15 Jahren wurde er Soldat. In Martins Jugendzeit fand die berühmte Szene der Mantelteilung mit dem Bettler vor den Toren der Stadt Amiens statt. Mit 18 Jahren ließ sich Martin taufen und verließ die Armee. 371 wurde er Bischof von Tours. Er starb im Jahr 397 auf eine Seelsorgereise in seiner Diözese. Sein Gedenktag ist der 11. November. Um Martins Leben ranken sich viele Geschichten und Legenden. Sehr viele Kirchen sind nach ihm benannt. Zu seiner Verehrung hat sich ein breitgefächertes Brauchtum entwickelt. In unseren Breitengraden ist das der Martinsumzug, bei dem Kinder und Erwachsene um den 11. November mit Laternen durch die Straßen ziehen. Der Umzug wird von einem als Martin verkleideten Reiter angeführt. Typisches Festessen ist die Martinsgans, weil es Gänse waren, die Martin in einem Versteck verraten haben, als er sich vor dem Bischofsamt drücken wollte.

Das hat mit uns zu tun

Vor einiger Zeit hat es eine Diskussion gegeben, ob das St.-Martins-Fest nicht – hin zu einer religiös neutralen Bezeichnung – in »Sonne-Mond-und-Sterne-Fest« umbenannt werden sollte, um Kinder aus muslimischen Familien nicht auszugrenzen. Obwohl diese Diskussion trotz des Interesses einiger Medien schnell beendet war (muslimische Verbände und selbst Träger von Kitas in Berlin fanden das nicht diskussionswürdig), werden solche Vorstöße zur Säkularisierung christlicher Feste und Bräuche immer wieder auftauchen. Wir leben in einer religiös pluralen Gesellschaft, und gleichzeitig ist unsere Kultur christlich geprägt. Es gehört aber zum allgemeinen Bildungsauftrag von Institutionen wie Kindergärten und Schulen, dass Kinder dieses kulturelle Erbe verstehen lernen. Und das gilt für alle Kinder, die dauerhaft hier leben, unabhängig von der Religionszugehörigkeit ihrer Eltern. Das St.-Martins-Fest ist Teil der christlichen Prägung unserer Kultur. Es kommt hinzu, dass die Handlungen und Einstellungen derer, die von der Kirche heiliggesprochen wurden, für Werte stehen, die auch in den anderen Weltreligionen einen zentrale Rolle spielen: Der heilige Martin etwa ist nicht nur ein Vorbild für ein gerechtes Miteinander und fürs Teilen mit Armen. Sein Gottesbild hat ihn motiviert, sich für Arme einzusetzen – Nächstenliebe, die sich aus seiner Liebe zu Gott speist. Diese Motivation spielt z. B. auch im Judentum und im Islam eine große Rolle. Martin hat schon als junger Mann erkannt, dass das System, für das er arbeitet, ungerecht ist. Als Soldat, der im Zweifelsfall das Römische Reich im Krieg verteidigen oder vergrößern musste, konnte er sich nicht für die Belange von benachteiligten Menschen einsetzen. Daher hat er die Armee und die mit diesem Arbeitsplatz verbundene Anerkennung und finanzielle Absicherung hinter sich gelassen. Er wollte sich für etwas anderes einsetzen. Dabei hat er den Menschen, denen er half, ihre Würde gelassen. Dem Bettler gab er der Legende zufolge den halben Mantel. So musste sich dieser nicht schämen, dass Martin jetzt vielleicht selbst frieren müsste. Martin hat den Bettler durch den halben Mantel in die Lage gebracht, bekleidet in die Stadt gehen zu können und nicht mehr draußen vor den Toren betteln zu müssen. Der Traum, den Martin der Legende nach am Abend nach der Mantelteilung hatte, hat ihm die Augen geöffnet. Jesus ist ihm im Traum erschienen und hat ihm gezeigt, dass er selbst in jedem Armen zu finden ist. Martin wollte zu Jesus gehören. Er ließ sich taufen und setzte sich fortan für das Wohl der Ausgegrenzten ein, später sogar als Bischof. Deshalb ist Martin bis heute eine Lichtgestalt, und daher gehen wir zum Martinsfest mit Lichtern auf die Straße und besingen sein Leben und seine Taten, die für uns bis heute vorbildlich sind.

Das sollen Kinder verstehen

Für Martin ging es nicht darum, dass er teilte um des Teilens willen. Für ihn waren alle Menschen gleich, weil Gott alle Menschen gleich liebt. Das ist für Martin die Motivation gewesen, von sich selbst abzusehen und etwas von seinen Sachen abgeben zu können. Sich anderen Menschen zuzuwenden und mit ihnen zu teilen, ist nicht einfach eine moralische Forderung. Es geht darum, dass Kinder erkennen, dass es Martins Gottesliebe war, die ihn zur Nächstenliebe motiviert hat. Das haben auch seine Zeitgenossen erkannt und ihn deswegen zum Bischof gemacht.

Das können wir miteinander tun

Die Familie versammelt sich am Tisch. Ein Bilderbuch von St. Martin wird bereitgelegt. In einem Korb liegen zwei rote Tücher, ein Holzschwert und Martinswecken bzw. Martinsgänse aus Hefeteig. Für jedes Familienmitglied liegt ein Teelicht im Korb. Im Bilderbuch wird die Seite mit der Mantelteilung aufgeschlagen und auf den Tisch gelegt.

Heute feiern wir das Sankt-Martins-Fest. Martin hat vor langer Zeit gelebt. Er war ein Soldat. Ihm ging es gut. Er hatte Geld, ein Pferd, genug zu essen und einen warmen Mantel. Wenn es kalt war, dann brauchte Martin nicht zu frieren. Von seinem Geld und von seinem Essen hat Martin sehr viel verschenkt. So wie heute gab es auch damals Menschen, die hatten keine Arbeit, kein Geld, keine Wohnung und nicht genug zu essen. Mit diesen armen Menschen hat Martin geteilt.

Einmal war es an einem Tag besonders kalt. Da kam Martin an eine Stadt. Vor dem Stadttor saß ein Mann, ein Bettler. Der hatte keine warmen Kleider. Er musste frieren, es war ihm bitterkalt. Stellt euch vor, ihr müsstet ohne Pulli und ohne Jacke, ohne Schuhe hinaus in die Kälte. So hat der Mann gefroren. Martin wollte ihm helfen. Aber er hatte sein ganzes Geld schon verschenkt, und er hatte auch nichts mehr zu essen. So nahm er seinen Mantel.

Aus dem Korb die zwei roten Tücher nehmen und wie ein Teil hochheben.

Und er nahm sein Schwert.

Holzschwert aus dem Korb nehmen.

Nun hat er mit dem Schwert seinen Mantel einfach in zwei Teile geschnitten.

Mit dem Holzschwert durch die beiden roten Tücher fahren, als würden sie zerschnitten.

Einen Mantelteil legte er dem armen Mann um die Schultern und umarmte ihn.
Hier kann ein Elternteil einem Kind ein Tuch sanft um die Schultern legen und das Kind umarmen und drücken.

Da wurde dem armen Mann ganz warm.
Tücher und Schwert jetzt auf den Tisch legen.

Lied: Sankt Martin ritt durch Schnee und Wind

2. Im Schnee saß, im Schnee saß,
im Schnee da saß ein armer Mann,
hat Kleider nicht, hat Lumpen an.
»O, helft mir doch in meiner Not,
sonst ist der bittre Frost mein Tod.«

3. Sankt Martin, Sankt Martin,
Sankt Martin zieht die Zügel an,
sein Ross steht still beim armen Mann.
Sankt Martin mit dem Schwerte teilt
den warmen Mantel unverweilt.

4. Sankt Martin, Sankt Martin,
Sankt Martin gibt den halben still,
der Bettler rasch ihm danken will,
Sankt Martin aber ritt in Eil
hinweg mit seinem Mantelteil.

(Text und Melodie aus dem Rheinland)

Sein ganzes Leben lang hat Martin das, was er besaß, mit anderen Menschen geteilt. Denn er wusste, dass für Gott alle Menschen gleich wertvoll sind und dass Gott alle Menschen liebt.

Die Menschen in der Stadt haben Martin sehr gern gehabt. Martin hat viel gebetet, also mit Gott gesprochen. Als die Stadt einen neuen Bischof gebraucht hat, wollten sie, dass Martin Bischof wird. Er wollte aber nicht und hat sich in einem Gänsestall versteckt. Weil die Gänse aber so laut geschnattert haben, konnten die Menschen ihn doch finden und zum Bischof machen. Er war ein guter Bischof. Als Martin alt war, ist er gestorben. Die Menschen haben gesagt: »Martin hat viel für uns getan und für uns gebetet. Jetzt ist er ganz nah bei Gott. Bestimmt bittet er und betet er weiter für uns.« Und so haben sie den Martin bald »Sankt Martin« genannt, das heißt »heiliger Martin«.

Die Menschen haben den heiligen Martin bis heute nicht vergessen. Sie haben gesagt: »Er hat uns Licht und Wärme gebracht.« Und so zünden wir jedes Jahr am Martinstag Lichter an, um an den heiligen Martin zu denken.

Jedes Familienmitglied entzündet ein Teelicht und stellt es vor sich auf den Tisch.

So wie wir die Kerzen hier anzünden, so zünden wir auch beim Martinszug Kerzen in Laternen an und gehen damit durch die Straßen.

Jetzt wollen wir noch unsere Martinswecken bzw. Martinsgänse miteinander teilen und essen.

Gebet

Guter Gott, der heilige Martin hat geteilt, weil du alle Menschen liebst. Schenke uns ein gutes Herz, wie Martin es hatte. Amen.

Kinder und Erwachsene überlegen gemeinsam, wer für sie Personen sind, mit denen sie etwas teilen möchten, z. B. dass sie Zeit mit einem alleinstehenden Menschen verbringen. Viele Gemeinden bieten auch Aktionen wie »Weihnachten im Schuhkarton« an. Um St. Martin herum werden dabei von Familien Pakete gepackt und eingesammelt, die dann z. B. Kinder in osteuropäischen Familien oder Waisenhäusern zu Weihnachten geschenkt bekommen.

Schlussimpuls für Eltern

Wer Freude genießen will, muss sie teilen.
Das Glück wurde als Zwilling geboren.
(Lord Byron)

Hinweise zum Weiterlesen

HEIKE HELMCHEN-MENKE

Für Kinder

Abeln, Reinhard / Rose, Heidi, *Mein großes Buch vom Kirchenjahr. Feste und Bräuche erleben*, Kevelaer 2013.

Bauer, Jutta, *Opas Engel*, Hamburg 2003.

Hebert, Esther / Rensmann, Gesa / Funke, Cornelia / Funke, Gertraud, *Erzähl mir was von den Festen des Jahres. Das kleine Sachbuch Religion für Kinder*, München 2012.

Helmchen-Menke, Heike, *Die Osterzeit. Kleiner Stern, erklär mir das!*, Freiburg i. Br. 2013.

König, Hermine, *Das große Jahrbuch für Kinder. Feste feiern und Bräuche neu entdecken*, München 2012.

Schwikart, Georg, *Feste im Kirchenjahr. Kleiner Stern, erklär mir das!*, Freiburg i. Br. 2012.

Für Erwachsene

Durch das Jahr – durch das Leben. Das christliche Hausbuch für die Familie, bearbeitet und durchgesehen von Peter Neysters und Karl Heinz Schmitt, München ²2012.

Ostern in der Kita, hrsg. vom Institut für Religionspädagogik der Erzdiözese Freiburg durch Heike Helmchen-Menke, Freiburg i. Br. 2014.

Unerwartetes geschieht. Mit Kindern Pfingsten feiern, hrsg. vom Institut für Religionspädagogik der Erzdiözese Freiburg durch Heike Helmchen-Menke, Freiburg i Br. ²2013.

Peters, Claudia und Ulrich, *Das große HausFamilienFesteFeierbuch. Dann wird das Leben wie ein Fest!* Ostfildern 2007.

Pfrang, Claudia / Raude-Gockel, Marita, *Das große Buch der Rituale. Den Tag gestalten. Das Jahr erleben. Feste feiern. Ein Familienbuch*, München ²2009.

Spilling-Nöker, Christa, *Die schönsten Seiten des Lebens. Das Familienhausbuch für das ganze Jahr*, Freiburg i. Br. 2011.

Zu den Autoren

Albert Biesinger, Dr. theol., ist Familienvater und Opa. Als Diakon und em. Professor für Religionspädagogik, Kerygmatik und Erwachsenenbildung (Universität Tübingen) bringt er Menschen die Freude am Glauben näher. Er ist Vorstand der Stiftung »Gottesbeziehung in Familien« (www.stigofam.de).

Ulrike Mayer-Klaus ist verheiratet und Mutter von drei Kindern; sie ist Referentin für Liturgie mit Kindern und Familien am Institut für Fort- und Weiterbildung der Diözese Rottenburg-Stuttgart. Neben ihrem liturgischen Schwerpunkt setzt sie Akzente in der spirituellen Begleitung von Eltern und in Ritualen für Familien.

Heike Helmchen-Menke, Diplomtheologin und Pastoralreferentin, ist verheiratet und Mutter von zwei Kindern; für die Erzdiözese Freiburg arbeitet sie als Referentin für Elementarpädagogik (d. h. für religiöse Bildung in den ersten sechs Lebensjahren) im Institut für Religionspädagogik. Zudem ist sie Fortbildungsreferentin für Kinder- und Familienliturgie sowie für Gemeindeentwicklung.

Quellennachweise

Adam, Adolf / Winfried Haunerland, *Grundriss Liturgie. Völlig überarbeitete Neuausgabe*, Freiburg i. Br. 2012.

Bosmans, Phil, *Leben jeden Tag. Ein Jahresbegleiter*, Freiburg i. Br. 1999.

Breitenbach, Roland, *Sechs-Minuten-Predigten für die Sonn- und Festtage im Lesejahr B*, Freiburg i. Br. 2002.

Bruners, Wilhelm, *Und die Toten laufen frei herum. Ein Begleiter durch die österliche Zeit*, Düsseldorf 1994.

Feldmann, Christian, *Kämpfer – Träumer – Lebenskünstler. Große Gestalten und Heilige für jeden Tag*, Freiburg i. Br. 2007.

Focke, Petra, *Jesus mitten unter uns. Mit Kindern und Jugendlichen die Fasten- und Osterzeit gestalten*, Freiburg i. Br. 2006.

Frére Roger, Taizé, *Aus der Stille des Herzens. Gebete*, Freiburg i. Br. 2006.

Jung, Herbert, *Gesegnet sollst du sein. Segensgebete für Seelsorge und Gottesdienst*, Freiburg i. Br. 2001.

Moltmann, Jürgen, *Der Gott der Hoffnung*, Lublin 2006.

Raffelt, Albert (Hrsg.), *Das große Kirchenjahr. Geistliche Texte*, Freiburg i. Br. 1990.

Rahner, Karl, *Worte gläubiger Erfahrung*. Hg. von Alice Scherer. Neuausgabe, Freiburg i. Br. 2004.

Saul, Hans Günter, *Jahreswende*.

Scheffler, Ursel, *Herders Kinderbibel*, Freiburg i. Br., ^{6}2007.

Bibelzitate sind entnommen aus: *Die Bibel. Die Heilige Schrift des Alten und Neuen Bundes* © Verlag Herder, Freiburg i. Br. 2010

Bildnachweis

6 © Gerti G./photocase.com, 19 © Stefan Körber/fotolia.com, 20 © koketts/photocase.com, 60 © mys/photocase.com, 95 © andybahn/photocase.com, 103 © quiloo/photocase.com, 109 © kallejipp/photocase.com, 132 © sör alex/photocase.com, 165 © riskiers/photocase.com, 173 © Christian Schnebel/photocase.com, 180 © Voyagerix/shutterstock.com, 188 © Francesca Schellhaas/photocase.com, 197 © rowan/photocase.com, 212 © Fotofreundin/Fotolia.com; © Stefan Weigand (2/3, 9, 33, 39, 48, 73, 84, 110, 118, 123, 142, 155, 205)

Anmerkungen

1 Vgl. dazu auch Adolf Adam / Winfried Haunerland, *Grundriss Liturgie. Völlig überarbeitete Neuausgabe* © Verlag Herder, Freiburg i. Br. 2012, besonders 396–458, hier 397.

2 Illustration: ulf k., Redaktion: Matthias Michael © Bonifatiuswerk der deutschen Katholiken

3 Karl Rahner, aus: Ders., *Worte gläubiger Erfahrung*. Hg. von Alice Scherer. Neuausgabe © Verlag Herder, Freiburg i. Br. 2004.

4 © Hans Günter Saul, aus: Ders., *Jahreswende*.

5 Klaus Szudra © Kindermissionswerk »Die Sternsinger«.

6 Christian Feldmann, *Kämpfer – Träumer – Lebenskünstler. Große Gestalten und Heilige für jeden Tag* © Verlag Herder, Freiburg i. Br. 2007, 76.

7 Herbert Jung, aus: Ders., *Gesegnet sollst du sein. Segensgebete für Seelsorge und Gottesdienst* © Verlag Herder, Freiburg i. Br. 2001.

8 Diese Meditation von Elisabeth Schmitter wurde innerhalb der Gottesdienstübertragung des ZDF am Palmsonntag 2007 ausgestrahlt.

9 Frére Roger, Taizé, aus: Ders., *Aus der Stille des Herzens. Gebete* © der deutschen Ausgabe Verlag Herder, Freiburg i. Br. 2006.

10 Petra Focke, aus: Dies., *Jesus mitten unter uns. Mit Kindern und Jugendlichen die Fasten- und Osterzeit gestalten* © Verlag Herder, Freiburg i. Br. 2006.

11 Roland Breitenbach, aus: Ders., *Sechs-Minuten-Predigten für die Sonn- und Festtage im Lesejahr B* © Verlag Herder, Freiburg i. Br. 2002.

12 Phil Bosmans, aus: Ders., *Leben jeden Tag. Ein Jahresbegleiter* © Verlag Herder, Freiburg i. Br. 1999.

13 Ursel Scheffler, Unterwegs nach Emmaus, aus: Dies., *Herders Kinderbibel* © Verlag Herder, Freiburg i. Br. [6]2007.

14 Wilhelm Bruners, aus: Ders., *Und die Toten laufen frei herum. Ein Begleiter durch die österliche Zeit* © Patmos Verlag, Düsseldorf 1994.

15 Karl Rahner, aus: Albert Raffelt (Hrsg.), *Das große Kirchenjahr. Geistliche Texte* © Verlag Herder Freiburg i. Br. 1990, 530.

www.herder.de

Umschlagmotiv: © johannawittig/photocase.com
Bildredaktion: Stefan Weigand

Gesamtgestaltung: wunderlichundweigand
Herstellung: Graspo, Zlin
Gedruckt auf umweltfreundlichem, chlorfrei gebleichtem Papier

Printed in the Czech Republic

ISBN 978-3-451-33496-2